なかやまきんに君式

世界一ラクな
0《ゼロパワー》
ダイエット

KADOKAWA

はじめに

どーもー、なかやまきんに君です。

僕が筋トレに目覚めたのは今から約28年前、高校3年生の夏でした。バスケ部を引退した後、少し体を鍛えようとトレーニングジムに入会したことがきっかけです。

最初からボディビルダーになろうとしたわけではなく、「ちょっと筋肉がついたらカッコいいだろうな」という程度でした。

僕の筋肉人生はそこから始まりました。

当時は今ほどジムもなく、世間ではボディビルダーと聞けば「変わった人」という認識でした。でも僕はそうは思わず、漠然とではありましたが「筋肉をつければ、何かが起こる」と、人生を変えられるという自信がありました。

ただ筋肉をつけたい一心で筋トレに励み、楽しいこと、苦しいこと、結果が出る嬉しさ、達成したときの感動など様々なことを経験して、たくさんの夢を叶えてきました。僕にとってはまさに「**筋トレは人生の教科書**」です。

「ちょっと痩せたいな」くらいのお気持ちでこの本を手に取ってくださった

方も多いのではないでしょうか？　そんな皆さんにも言いたいです。

「**体が変われば、人生が変わる**」とね。（キャー空を見ながら言うのステキー）

いや、やっぱりこう言わせてくれ、

「**挑戦すれば、人生が変わる**」とね。（キャー少しハードルを下げるところステキー）

あ、やっぱりこう言おうかな。

「**この本を読んでいるあなたは、もう人生が変わり始めている**」

（キャー全然決まらないのもステキー）

　まぁとにかく、そんなに意気込まなくても、楽しくラクにダイエットを行えるように書かせていただきましたので、この本が皆さんの筋トレの教科書になって、目標に向かうお手伝いができればと思います。

それでは、一緒に頑張ってまいりましょう。

せーの、

パワー!!

ハッ（笑顔）

Contents

2 はじめに

6 なかやまきんに君式ダイエットで体型が変わった成功者のBefore & After

10 パワーワード①

Part 1 絶対に失敗しないダイエットの秘密

12 絶対に失敗しないダイエットとは？

14 「ゼロパワーダイエット」って何？

18 食事制限のよくある勘違い

20 パワーワード②

Part 2 世界一ラクな 脂肪燃焼 筋トレ

22 気力ゼロでもできそうなトレーニングを選んでみよう！

24 よっこらせ腹筋

26 足踏み腹筋

28 ツイスト床タッチ

30 世界一浅いスクワット

32 踏みこみ脚痩せ

34 座って片脚ピーン

36 腕ダッシュ

38 腕ツイスト

40 腕キックバック

42 二の腕フリフリ痩せ

44 バンザイ背中痩せ

46 腕ぐいっと背中痩せ

48 寝たまま美尻作り

50 片脚サイドアップ

52 ひねらせ美尻作り

54 パワーワード③

STAFF

カバーデザイン 鈴木大輔（ソウルデザイン）
本文デザイン 徳本育民、内山照代
イラスト Meppelstatt、ちしまこうのすけ
撮影 竹内浩務
モデル 山口恵里奈（セントラルジャパン）

編集・制作 石黒太郎（スタジオダンク）
滝澤佳奈（スタジオダンク）
執筆 竹治昭宏
校正 文字工房燦光
編集 金城麻紀（KADOKAWA）

Part 3 世界一楽しい 脂肪燃焼 エクササイズ

56 足上げリズム体操
58 腕ぶん回し体操
60 腕伸ばしスクワット
62 体のび〜る体操
64 腕くるくる全身体操
66 腕パカリズム体操
68 床タッチ体操
70 パワーワード④

Part 4 世界一効果的な 脂肪燃焼 筋トレ

72 膝立ちスクワット
74 お尻浮かせ足上げ
76 全身グーパー腹筋
78 ツイスト腕立て伏せ
80 横向き脚パカパカ
82 ひねり腹筋
84 かかとタッチスクワット
86 カエル足ランニング
88 全身引き締めかけっこ
90 パワーワード⑤

Part 5 教えてきんに君！ ダイエットQ&A

92 きんに君先生！
ダイエットについて教えてください！
98 パワーワード⑥

Part 6 チャレンジカレンダー

100 1ケ月チャレンジカレンダーの使い方
106 パワーワード⑦
107 なかやまきんに君式ダイエットの経験者の声
110 おわりに

・体に痛みがあるときや体調がすぐれないとき、妊娠中は行わないでください。
・特病がある方は必ず事前に医師に相談してから行ってください。

なかやまきんに君式ダイエットで体型が変わった成功者のBefore & After

自身がインストラクターを務める、ザ・オンラインフィットネスでダイエットに成功した方々の体験談を聞いてみました！

たった2ヶ月でウエスト-19cm

でかまるさん

After

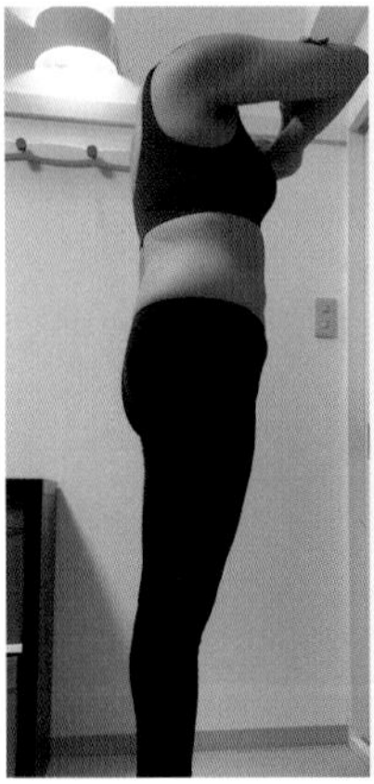

Before

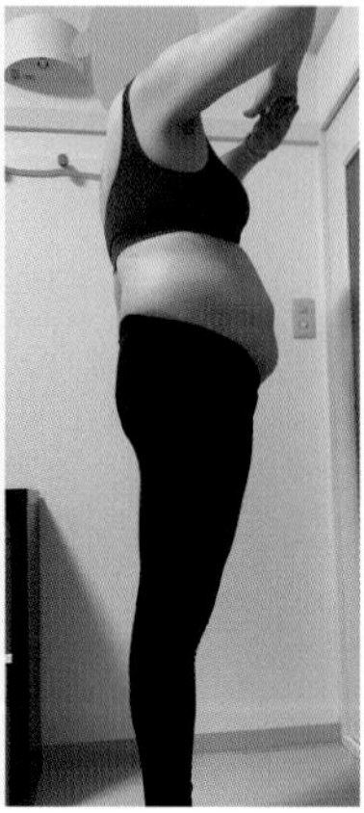

約2ヶ月の変化

	After	変化	Before
体重	75.9kg	−5.1kg	81.0kg
体脂肪率	38.2%	−2.1%	40.3%
ウエスト	87cm	−19cm	106cm

＼ きんに君式ダイエットを行った感想 ／

筋肉を落とさずに無駄な体脂肪を減らすことで、リバウンドしない体作りができました！

＼ きんに君式ダイエットの好きなところ ／

筋肉面、精神面ともに成長しながら、前向きにダイエットに取り組むことができるところです。

＼ 気持ちにも変化が！ ／

「運動は楽しい！」と感じられるようになりました。筋肉痛がくると嬉しく感じます。

「運動は楽しい！」と思っていただいていることが何より嬉しいです。筋肉痛がくると頑張った証を感じられますよね。正しいダイエットを行い、正しく結果を出されて、本当に素晴らしいです。

９ヶ月で服のサイズがＬからＳに

うるちゃんさん

After

Before

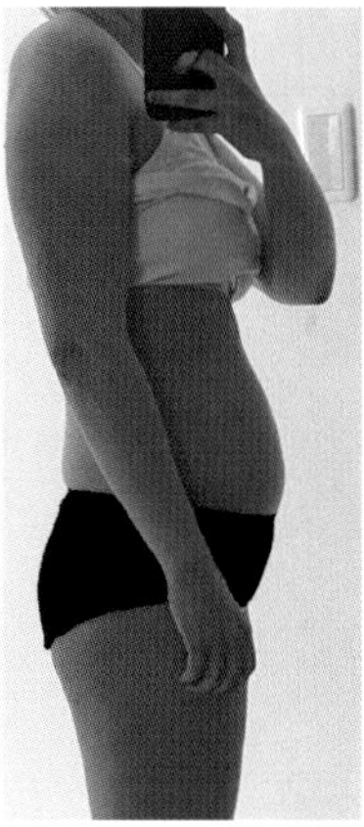

約9ヶ月の変化

After	変化	Before
49.6kg	−7.2kg	体重 56.8kg
30.0%	−7.1%	体脂肪率 37.1%
64cm	−5cm	ウエスト 69cm

＼　きんに君式ダイエットを行った感想　／

9ヶ月で服のサイズがＬからＳになり、スキニーデニムが穿けるようになりました。また、薬でも治らず30年以上悩み続けていた便秘が改善し、肌荒れもなくなりました。

＼　きんに君式ダイエットの好きなところ　／

楽しく筋トレができて、正しい知識が身につくところ。真剣に答えてくれるなかやまきんに君は先生みたいです！

＼　気持ちにも変化が！　／

「やりたくないな」から「少しでも体を動かさないと！」と思うようになり、正直自分でもびっくりです！

体型が変わるのも嬉しいですが、長年悩まれていた便秘や肌荒れが改善されたのは、僕も大変嬉しく思います。「体型」を変えるのがスタートだったのに、その過程で「体調」が変わる。これが運動の素晴らしさでもありますよね。

体脂肪率 -12%
ウエスト -12㎝

美夏さん

After　　　　　　Before

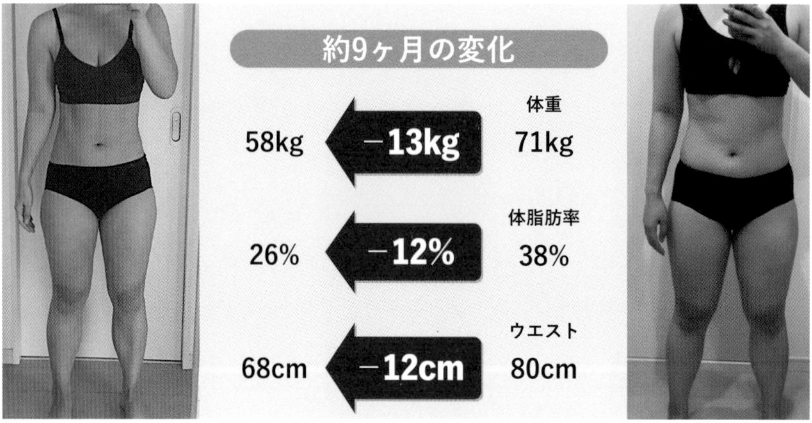

約9ヶ月の変化

58kg	◀ −13kg	体重 71kg
26%	◀ −12%	体脂肪率 38%
68cm	◀ −12cm	ウエスト 80cm

＼ きんに君式ダイエットを行った感想 ／

正しい知識、継続できる運動、確実な成果で1年間も続けることができました。本当に信頼できるダイエットです。

＼ きんに君式ダイエットの好きなところ ／

楽しく無理なく運動ができること。停滞期や食べ過ぎたときも、気持ちを切らさず続けられます。

＼ 気持ちにも変化が！ ／

体も気持ちも軽くなり、運動嫌いだった私が今では週5日も運動し、それを継続できる自分のことも好きになりました。

運動嫌いだったのに週に5日も…素晴らしいですね。努力した自分のことを好きになれるなんて最高じゃないですか。筋肉たちと相思相愛で、これからももっと自分のことを好きになってくださいね。

飽き性でも続けられた！

ふくまるさん

After　　Before

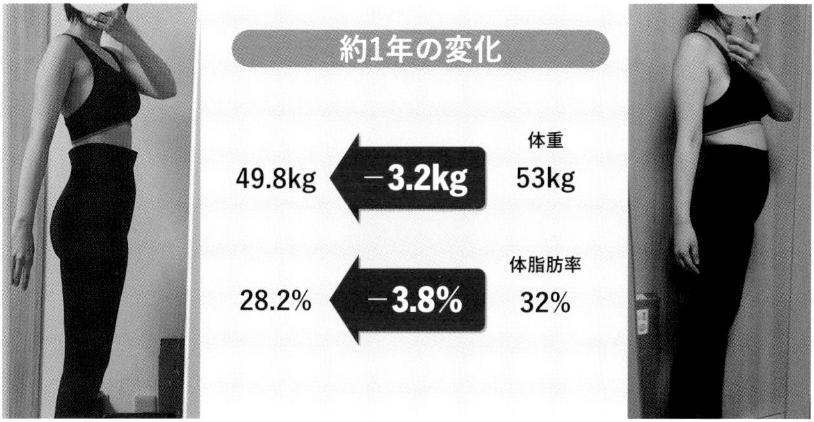
約1年の変化
体重
49.8kg
−3.2kg
53kg
体脂肪率
28.2%
−3.8%
32%

＼ きんに君式ダイエットを行った感想 ／

飽きっぽい私がここまで継続できるなんて、圧倒的感謝です！

＼ きんに君式ダイエットの好きなところ ／

楽しく続けられるところ。運動だけでなく精神面でも大切なことを教わり、自分のペースで頑張れます。

＼ 気持ちにも変化が！ ／

粘り強くなりました。落ち込んで嫌になることもありましたが、「いつかやってやんぞ！」精神で這い上がるようになりました。

POWER

誰にでも、ダイエットをやりたくてもやれないときってありますよね。そんな中「いつかやってやんぞ！」の気持ちで継続して結果を出されているのは素晴らしいです。慌てずそれぞれのペースで継続するのが、一番の近道ですからね。

絶対に無理はしなくていい

絶対に
自分を
責めないで
ほしい

今できることをやろう

Part

1

絶対に失敗しない
ダイエットの秘密

絶対に失敗しないダイエットとは？

なぜ多くの方はダイエットの失敗を繰り返してしまうのでしょうか？　なぜ一時的には体重が減っても、リバウンドしてしまうのでしょうか？

答えは簡単です。そのダイエットが間違っているからです。正しいダイエットを行えば、失敗することはありません。では「正しいダイエットって何？」となりますよね。

正しいダイエットとは、「筋肉を維持して（増やして）、無駄な体脂肪を減らすこと」。これ以外に正しいダイエットはないと断言できます。（キャー断言する男ステキー）

そんなことはあたりまえだと言われるかもしれません。しかし、これができていない人が多いことも事実です。そして間違ったダイエットを続けると、失敗に向かってしまいます。

体重はあくまでも目安

ダイエットを始めるときに「○月までに△キロ痩せる」といった目標を立てる方も多いと思います。何事にも目標を持って取り組むことは素晴らしいことです。しかし、**あくまでもダイエットによって減らすべきなのは体重ではなく、無駄な体脂肪**です。

例えば、忙しくて食事があまり摂れなかった次の日に、体重が1キロ減ったとします。ダイエット中なら「痩せた！」と思って、嬉しくなる気持ちもわかります。でも、その1キロは本当に脂肪が減ったのでしょうか？　もしかしたら脂肪ではなく、筋

肉や水分が減ったのかもしれません。

一方で、「適度な運動をして食事もコントロールしていたのに体重が増えた」という経験がある方もいます。運動をすれば、体脂肪は減って筋肉が増えます。それによって、見た目が引き締まって体重が増える、なんてことは珍しいことではないんです。

つまり、体重の増減のみでダイエットの成功と失敗は語れないのです。筋肉を維持し（増やし）ながら、無駄な体脂肪を減らす過程で、体重を減らすことが大切です。体重はあくまでも目安にしましょう。

改めて説明されると、なぜダイエットに失敗してしまうのか、成功するには何をすればいいのかがわかってきたのではないでしょうか。**運動をしない、食事をしない。そんなダイエットに成功はあり得ないのです。**運動しないことには筋肉を維持できず、食事を抜くだけでは筋肉が減って痩せにくい体になってしまいます。（運動についてはPart2のP24〜、食事についてはPart1のP18をご覧ください）

しかし、ここで皆さん思いますよね。「正しくダイエットをしたいけど、そんなに気力も体力もないから無理」。そしてこんな声も聞こえてきますよ。皆さんの筋肉たちが「我々はそんなにやる気はないのさ」と言っているのが。

ご安心ください。ダイエットを継続できずに悩む方をたくさん見てきましたが、この「ゼロパワーダイエット」はそのような方でも必ず継続できる内容となっております、と断言します。（キャーやっぱり断言する男ステキー）

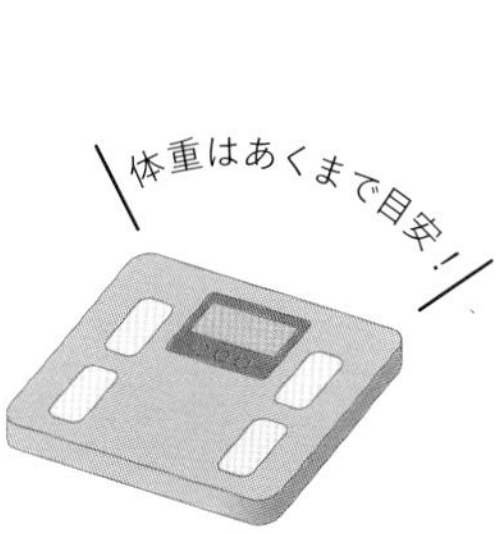

「ゼロパワーダイエット」って何？

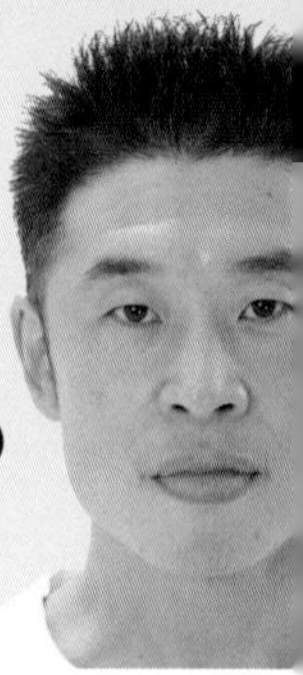

ゼロパワーダイエットを完成させるためには、簡単な３つのＳＴＥＰを踏んでいきます。

STEP 1

気力ゼロでもできそうなトレーニングを1つだけ行う

まずはご自身の体で一番気になる部位のトレーニングを1種目だけ選びます。色々と気になるとは思いますが、まずは1種目でＯＫです。

その種目を30秒だけ行ってみてください。そして、初めて行ったときの感覚を覚えておいてください。30秒で10回できた、キツくて数回しかできなかった、翌日筋肉痛になった、などです。この感覚を覚えておくことが非常に大切です。

「全然ラクだった」という方は種目を増やしてもいいですが、慌てて無理をせずに、毎日できる範囲に留めておきましょう。まずは「選んだ1種目を頑張る」という意識を持つこと。これが第一歩です。

気力や体力の自信がゼロでも、準備ゼロで始められるのが「ゼロパワーダイエット」です。もしあなたが毎日洗顔や歯磨きを継続できているなら、このダイエットも継続することができます。
「本当に？」と思われた方は、ぜひ最後までお読みください。

STEP 2

1週間ほど継続して、自分の小さな変化を見つける

選んだトレーニングを1週間から10日間続けてください。1日30秒なら、どんな方でもできるはずです。継続できたら、まずは頑張った自分を褒めてください。そして継続すると、何かしらの結果が必ず出ます。例えば、初日よりも少しラクにできている、息が上がらなくなった、最初の頃よりも筋肉痛が軽くなったなどです。

それらは自らの努力で得た結果です。この小さな変化に気づき、感動や幸せを感じることが非常に大切です。

STEP 3

筋肉の扉を開く

変化に気づいたら、嬉しくなりませんか？
「私にもできるかもしれない」「もしかしたら、どんどん体が変わるかもしれない」と。

始めた頃よりも不安やネガティブな感情がゼロに近づき、少しずつ自信が出てきます。ここまで来れば、もうあなたはダイエットの成功への道を確実に歩き始めています。

※この時点でよくわからない方はＳＴＥＰ１に戻るか、ＳＴＥＰ２をしっかり行いましょう。大丈夫、慌てないことが大切です。

体力や心に少し余裕ができた方は、自然と「他の部位もやってみようかな?」という思いが自分の中から出てきます。ここがステップアップのチャンスです!!　チャンスです…　チャンスです…　(キャー自らエコーっぽくするのステキー)

僕はこのようにステップアップすることを『筋肉の扉を開く』と呼んでいます。

まさにここで皆さんは『筋肉の扉』を開いたのです。人からあれこれやりましょうと言われても、嫌々ではできないし、続きません。自らの筋肉でその『筋肉の扉』を開く!!　これが継続の秘訣なんです。嫌々開いた扉は閉ま

りやすいですが、**自ら開いた『筋肉の扉』はなかなか閉まることはありません。**

最初はあんなに『キツい筋トレ』が、「成功する（ワクワクする）」という気持ちになったことで、気力が出てきて『ラクな筋トレ』になっていくのです。まさに『ゼロパワー』でできるダイエット。

そう、これが『ゼロパワー』ダイエットなんです。

毎日の洗顔や歯磨きのように、踏ん張ることなくラクにこなせる日課となるでしょう。

これらのSTEPをコツコツと積み重ねていくことが「ゼロパワー」で「正しく行うダイエット」の秘訣なんです。

さぁー、あとは難しいことは考えずに、未来のステキな自分に会いに行きましょう。（キャー最後にウィンクするのステキー）

食事制限のよくある勘違い

ダイエットの失敗で最も多い原因の１つは、食事を抜く（減らす）ことです。「食べすぎて太ったから、食べなければいいんだ」と考えてしまう気持ちはわかります。でも、重要なのは必要以上に食べすぎないことであって、単純に食事を抜けばいいわけではありません。ご飯もお肉もお魚も豆も野菜も、そしてときにはスイーツも、１日を通して３食バランスよく食べることが大切なんです。

食事の役割は、体への栄養を摂ることと、心にも栄養（満足）を与えることです。**体に栄養が足りていないと、どんなに食事を減らしても、なかなか体脂肪は減りません。**そして、心が満足していないと継続することは難しくなります。このバランスが非常に大切です。

ダイエットのために極端な食事制限をしてしまう方もいらっしゃいます。短期間で体重を減らしたい、すぐに結果を出したいと思う方に多いのではないでしょうか。筋トレも食事も、厳しいことをすればするほど効果があるとは言えません。**ストイックに食事を減らし続けると、同時に基礎代謝も減り続けるので、一時的に体重が減っても必ず停滞期に入ります。**極端な食事法は必ずリスクを伴いますし、そもそもダイエットを短期間に行うことはあまりおすすめしません。

何をどれくらい食べるといいかは、性別、体格、代謝量、活動量などによってそれぞれ異なりますので、一概には言えません。でも食べすぎている方は、何が原因で太ってしまったのか、実はご自身でおわかりだと思います。例えば、お菓子を食べすぎている、ドカ食いしている、寝る直前に食べているなど、思い当たることを少しずつ改善することを意識しましょう。最初は、少し食べすぎたら運動で燃やす、くらいの気持ちでいいと思います。

ダイエット中の食事は、無理なく長く続けられるかどうかがポイントです。焦らず、慌てず、1年後も5年後もうまくいってこそ、正しいダイエットと言えます。

できるのかい？

できないのかい？

どっちなんだい!?

でーきる!!

Part

2

世界一ラクな
脂肪燃焼 筋トレ

気力ゼロでもできそうな
トレーニングを選んでみよう！

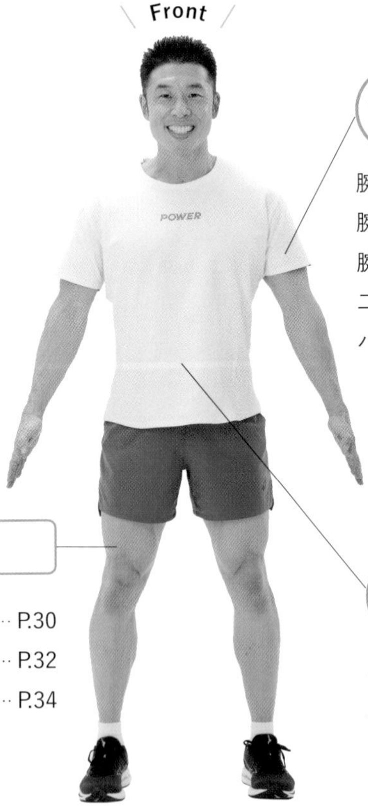

腕・肩

腕ダッシュ ………………………… P.36
腕ツイスト ………………………… P.38
腕キックバック ………………… P.40
二の腕フリフリ痩せ ……… P.42
バンザイ背中痩せ ………… P.44

脚

世界一浅いスクワット …… P.30
踏みこみ脚痩せ ……………… P.32
座って片脚ピーン ………… P.34

お腹

よっこらせ腹筋 ……………… P.24
足踏み腹筋 ………………………… P.26
ツイスト床タッチ ………… P.28

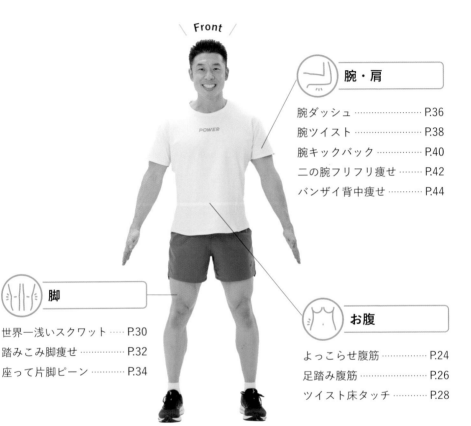

「何から始めれば良いんだろう？」と悩んでいるあなたへ。
世界一ラクな 脂肪燃焼 筋トレをご紹介します。
気力ゼロでもできそうなトレーニングを見つけたら、各ページに進んでみよう！

Back

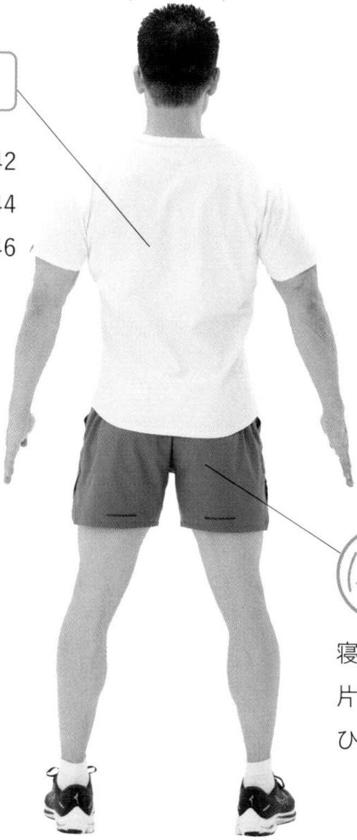

背中

二の腕フリフリ痩せ …… P.42
バンザイ背中痩せ ………… P.44
腕ぐいっと背中痩せ …… P.46

お尻

寝たまま美尻作り ………… P.48
片脚サイドアップ ………… P.50
ひねらせ美尻作り ………… P.52

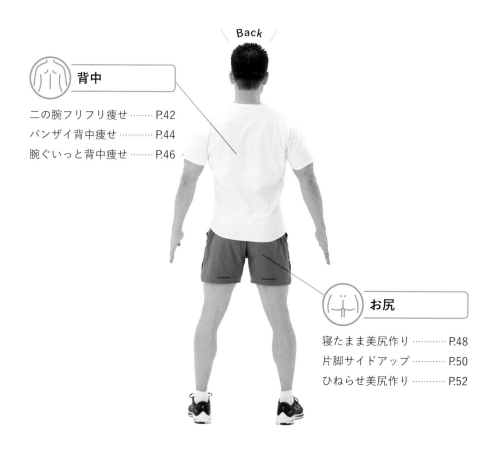

世界一ラクな

よっこらせ腹筋

目安 10 回

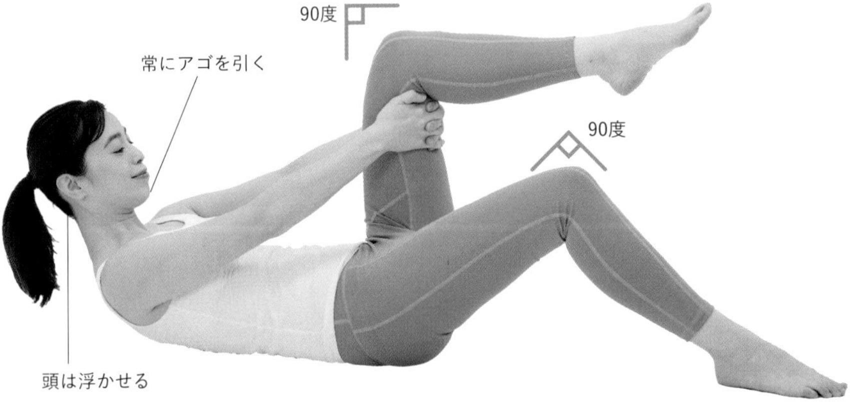
90度
常にアゴを引く
90度
頭は浮かせる

1 仰向けに寝た状態から両膝を90度に曲げ、片方の太もも裏を両手で抱える。

ADVICE
POWER

腕の力を利用して行うお腹痩せトレーニング。できるだけ腹筋の力で起き上がるのがポイント。腰に負担をかけないように、常に背中を丸めて行おう！

2 両手の力を借りながら上体を
起こし、腹筋を収縮させる。

世界一ラクな

足踏み腹筋

目安　左右 5 回ずつ

肘は軽く
曲げる
90 度
かかとは揃える

1 座った状態から両手を床に置き、
両足を閉じて膝は 90 度に曲げる。

ADVICE

Step2で膝を胸に引き寄せるときは、腹筋にしっかり力を入れることを意識しましょう。まずはできる範囲で大丈夫です！

2 腹筋に力を入れながら、左膝を
胸に近付けるように上げていく。

3 反対側も同様に行う。

世界一ラクな

ツイスト床タッチ

目安　左右 5 回ずつ

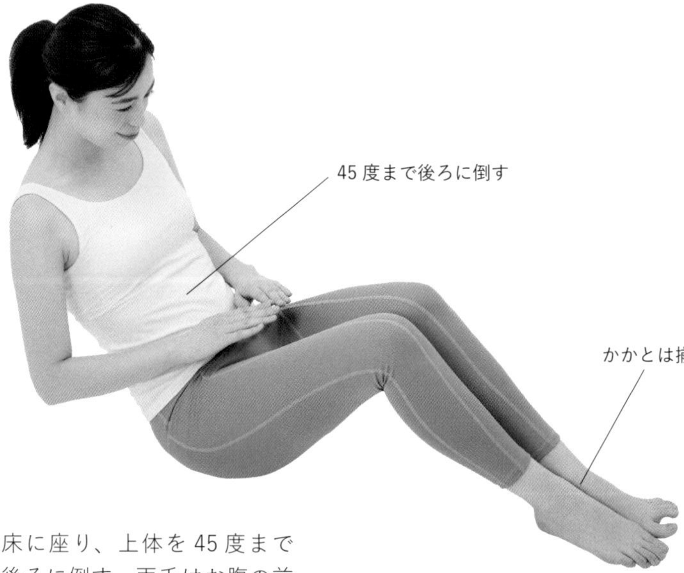

1 床に座り、上体を 45 度まで後ろに倒す。両手はお腹の前に置く。

ADVICE

お腹に力が入るように意識しよう。腰に負担がかからないように、常にアゴを引いて猫背で行うことが大切です。

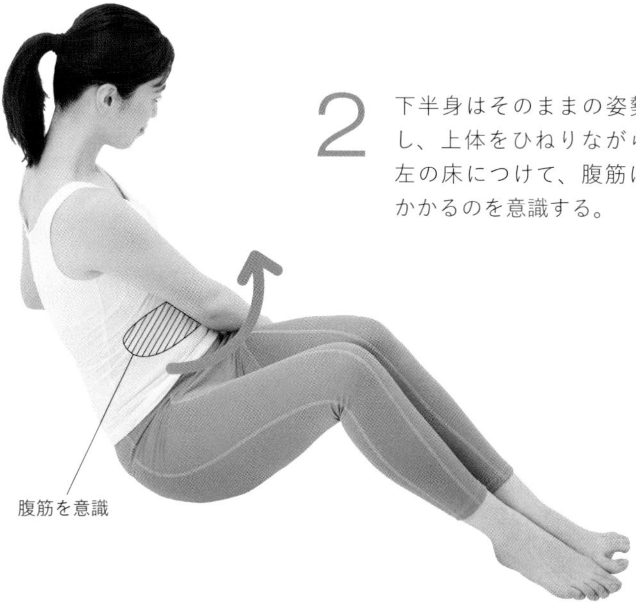

2 下半身はそのままの姿勢を維持し、上体をひねりながら両手を左の床につけて、腹筋に負荷がかかるのを意識する。

3 反対側も同様に行い、左右交互に繰り返す。

世界一ラクな

世界一浅いスクワット

目安 30 回

背筋はまっすぐ
両手は腰に

いい感じ！

1 両足を肩幅よりやや広く開き、
つま先を少し外に開く。

2

お尻を少し下げながら、つま先と同じ方向に膝を曲げて脚全体に負荷をかけいく。

背筋をキープ

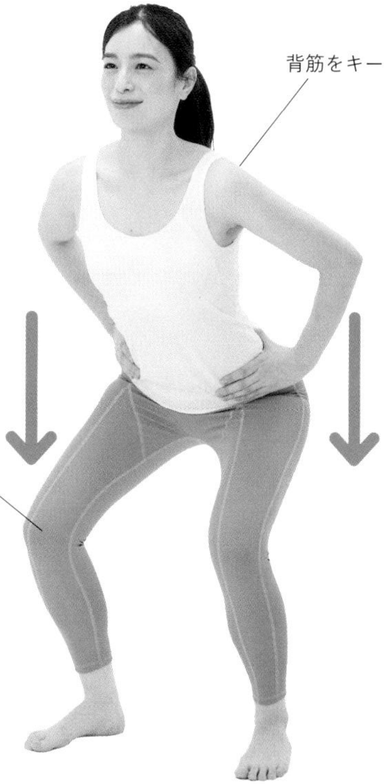

なるべくつま先よりも膝が前に出ないように

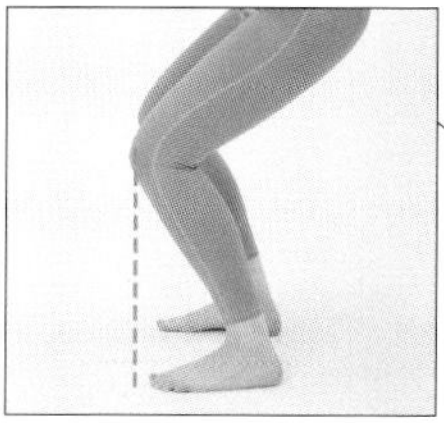

ADVICE

世界一浅くても効果絶大の秘訣

顔を上げ、胸を張り、お尻を突き出す。この3つを守れば、浅いスクワットでも脚の引き締め効果バツグン！

世界一ラクな

踏みこみ脚痩せ

目安　左右10回ずつ

君ならできる！

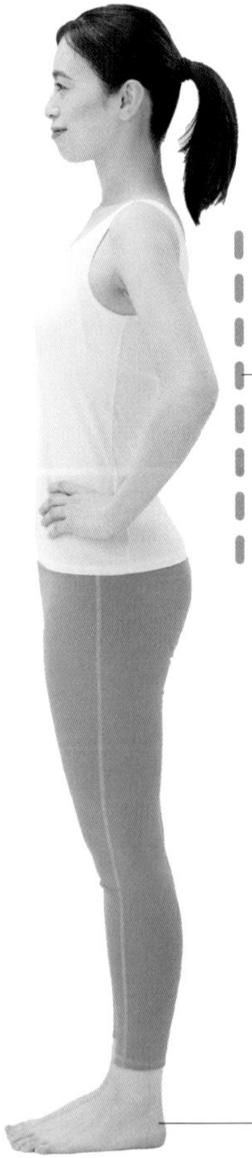
背筋はまっすぐ
かかとは揃える

1　両足を揃え、腰に手を当てて立つ。

2 膝が少し曲がるくらいの範囲で片足を前に踏みこみ、前脚に体重を乗せて、前脚の太ももに負荷をかける。足を元の位置に戻し、反対側も同様に行う。

前脚に体重を乗せて脚全体に負荷をかけることで、太ももの引き締め効果があります！前に踏みこむときにバランスが崩れやすくなるので背筋をまっすぐキープすることを心掛けましょう。

世界一ラクな

座って片脚ピーン

目安　左右10回ずつ

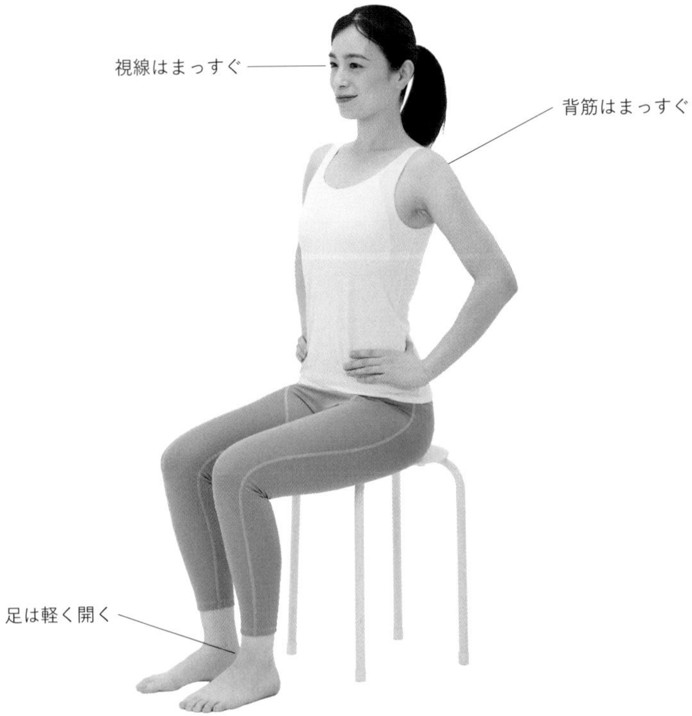
視線はまっすぐ
背筋はまっすぐ
足は軽く開く

1 椅子に座って背筋を伸ばし、
腰に手を当てる。

初心者の方へ

Step2の体勢が難しかったら、背中の角度を後ろに傾けるとラクになるのでやってみてくださいね！

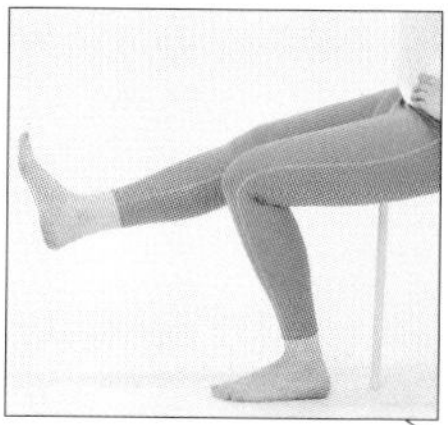

なるべく床と水平に

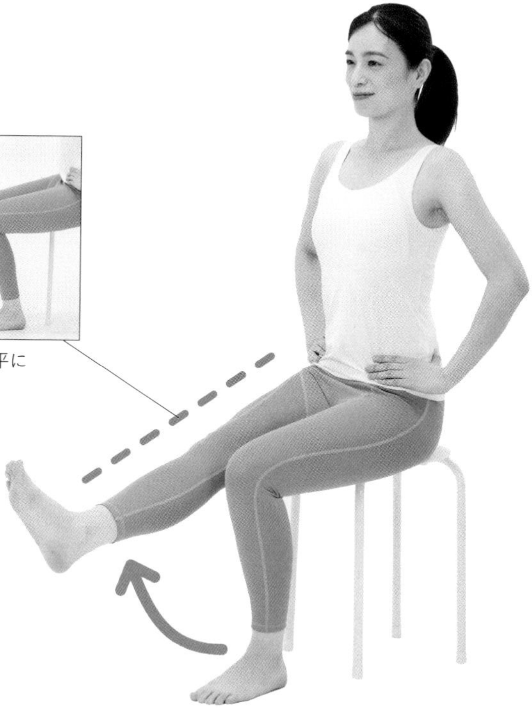

2 姿勢を崩さないように意識しながら、膝がまっすぐになるくらいまで片脚を伸ばし、太ももの前側の筋肉を収縮させる。反対側も同様に行う。

世界一ラクな

腕ダッシュ

目安 30 回

1 両足をまっすぐに揃えた状態で立つ。肘を 90 度に曲げるようにして、右手は前方に上げて左手は後方に下げる。

ADVICE

振る方向はまっすぐ！

腕はまっすぐ振ることを意識しましょう。体幹に力を入れて安定させて、肘が床と水平になる高さまで上げるとより効果的。肘の角度を 90 度にキープすることも忘れずに！

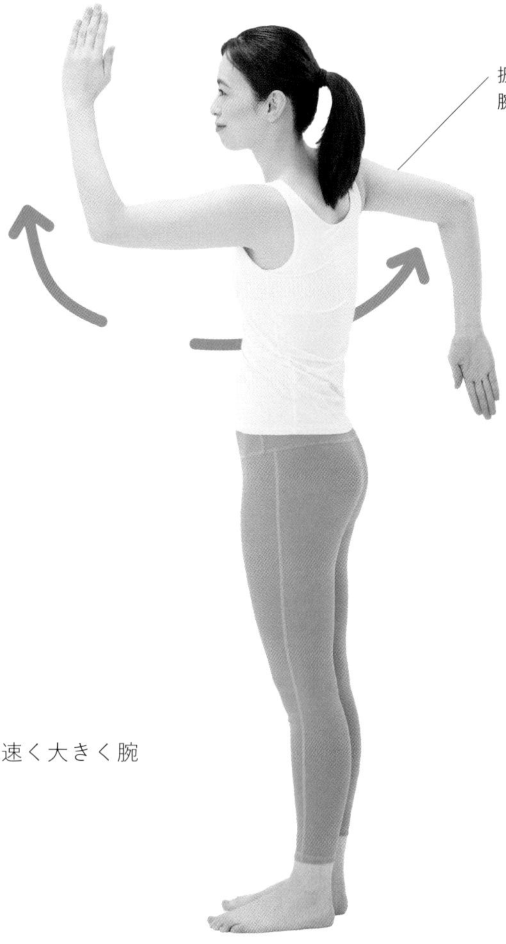
振り子のように
腕を前後に振る

2 できるだけ速く大きく腕を振る。

世界一ラクな

腕ツイスト

目安 30 回

視線はまっすぐ
手は軽く握る
腕は水平に
かかとは揃える

1 両足を揃えて立ち、手の甲を上にした状態で両手をまっすぐ横に伸ばす。

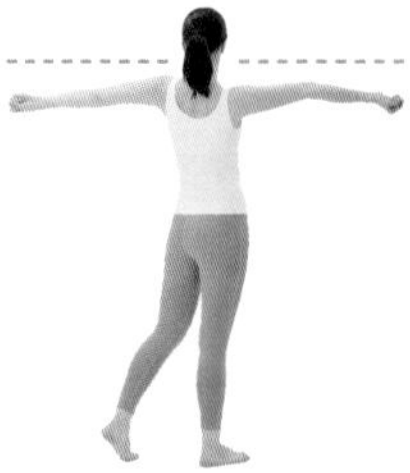

腕は下げないように

腕をツイストするときに、つい腕が下がりがちに。常に両腕を水平に保つことを意識しましょう！

ADVICE
POWER

少し肩を入れて、力こぶが
伸びていることを意識
親指は上に向ける
親指は下に向ける

2 サイドステップをしながら、片方の腕を前側にひねり、もう片方の腕は後側にひねる。この動作を左右交互に繰り返す。

世界一ラクな

腕キックバック

目安　左右 20 回ずつ

1 右足を前に出して前傾になり、右手を太ももに置く。左肘は後ろに引く。

POINT

胸を張って背筋を伸ばし、時間をかけて行うとより効果が出ます。
ゆっくり丁寧に行いましょう！

努力は
裏切らない！

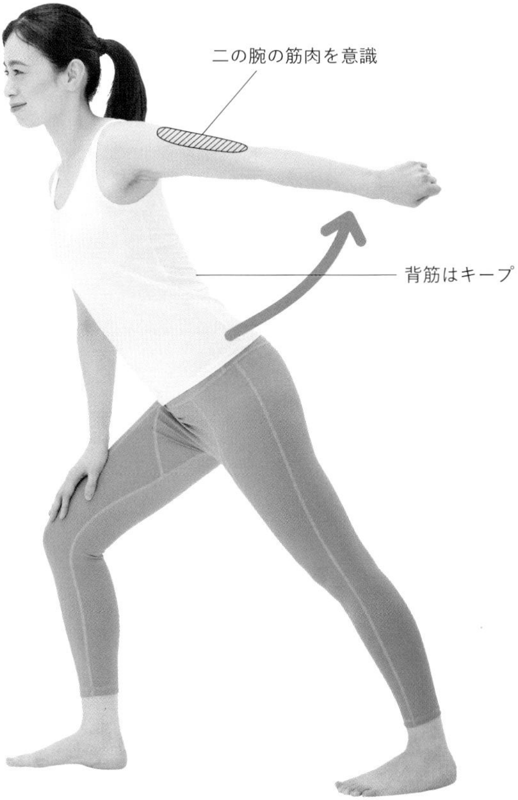
二の腕の筋肉を意識
背筋はキープ

2 肘の位置を固定したまま肘から先をまっすぐ後ろに伸ばす。伸ばしきったらStep1の状態に戻す。反対側も同様に行う。

世界一ラクな

二の腕フリフリ痩せ

目安 30 回

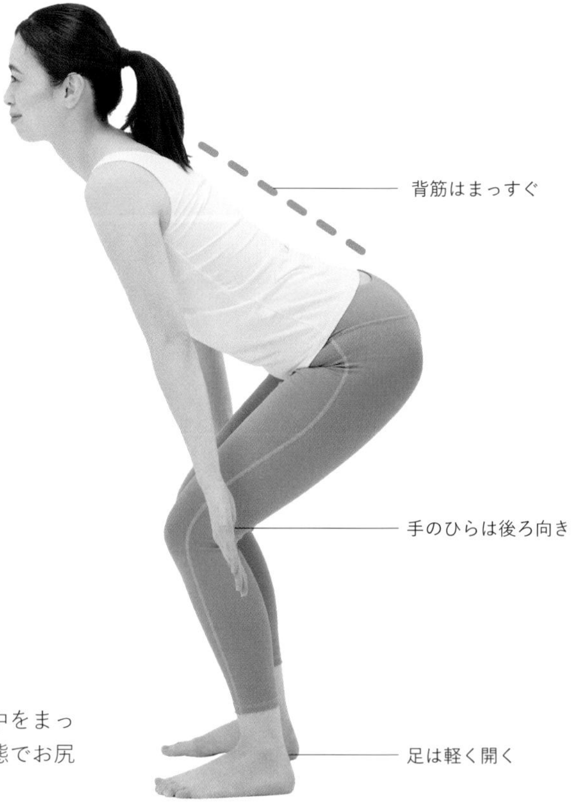
背筋はまっすぐ
手のひらは後ろ向き
足は軽く開く

1 胸を張り、背中をまっすぐにした状態でお尻を突き出す。

ADVICE
POWER

鳥の羽のように動かそう！

両腕を前後に動かすときは、鳥のように腕を大きく動かして行うと効果バツグン！肩甲骨が動くのを意識してみよう。

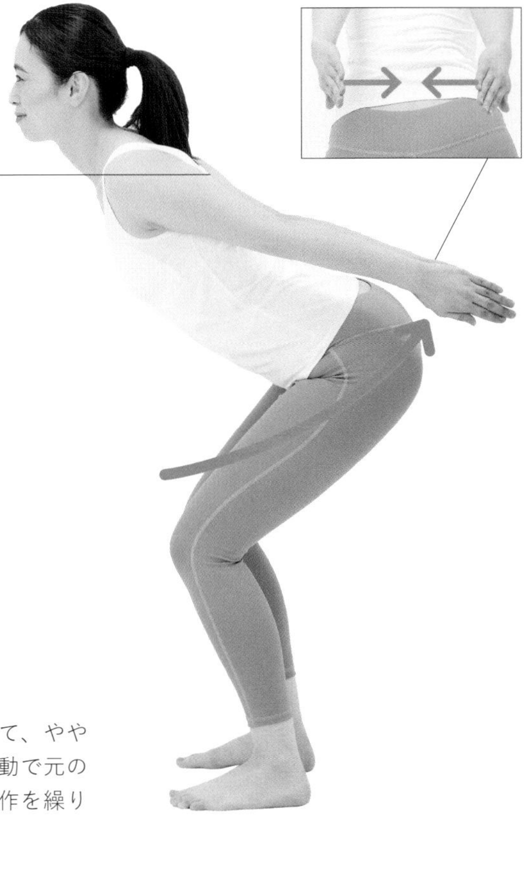
手のひらは内側に
背中で両腕を合わせるような意識で行う

2 両腕を後ろに向かって、やや速く上げていく。反動で元の位置に戻し、この動作を繰り返す。

世界一ラクな

バンザイ背中痩せ

目安 10 回

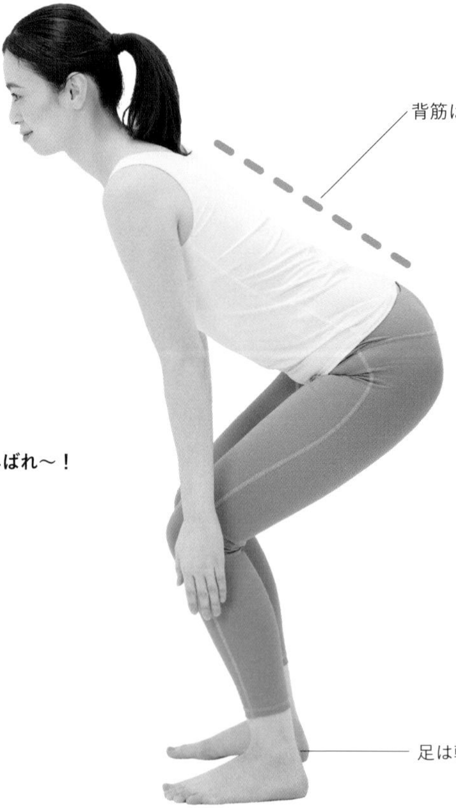

1 まっすぐに立った状態から胸を張り、お尻を後ろに突き出す。

2 両腕をまっすぐ伸ばしたままバンザイをするように耳の横まで上げる。

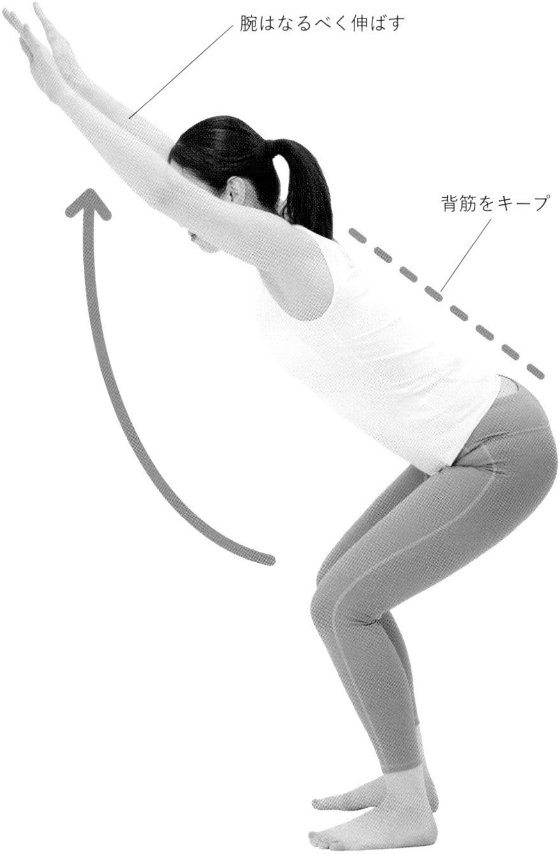
腕はなるべく伸ばす
背筋をキープ

ADVICE
POWER

バンザイをするときに、腕を上げたまま少しの間キープするとより効果UP！

世界一ラクな

腕ぐいっと背中痩せ

目安 10 回

1 お尻を突き出し、背筋をまっすぐにした状態で、両手を上に伸ばす。

ぐいっと下へ引く
背中を反りすぎない

2

胸を張りながら肘を背中に向かって引き、背中の筋肉を収縮させる。

ADVICE

背筋は伸ばして！

両腕を引くときについ背中を丸めがち。これだとあまり効果が感じられないので、背筋はまっすぐにして行うようにしましょう！

世界一ラクな

寝たまま美尻作り

目安　左右10回ずつ

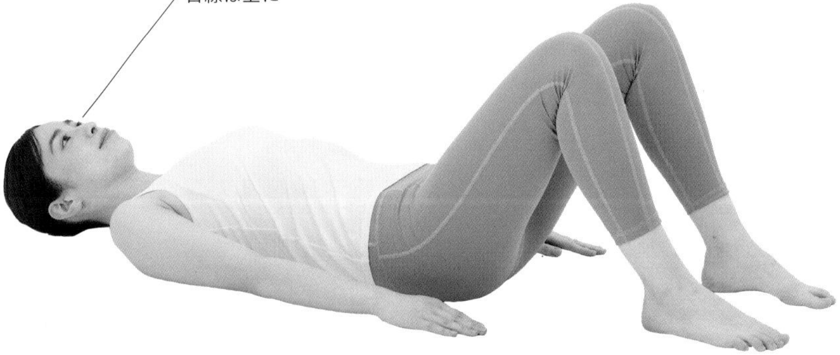

1 仰向けに寝た状態から両手を床に置き、両足は軽く開いて膝を立てる。

呼吸を忘れずに！

お尻や太ももの筋肉を意識していると、つい力んで呼吸を忘れがちに。Step3で足を上げるときに、ゆっくり息を吐いて行いましょう！

2 かかとで床を押してお尻を引き上げ、お尻の筋肉を収縮させていく。

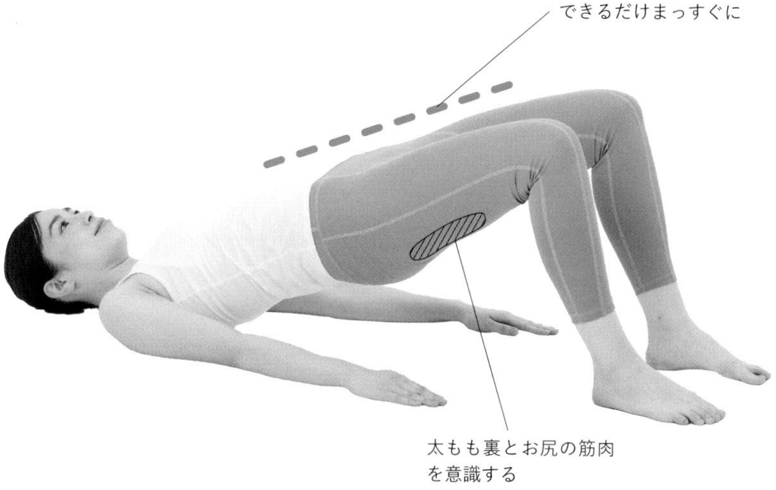
できるだけまっすぐに
太もも裏とお尻の筋肉を意識する

3 太もも裏とお尻の筋肉を意識しながら、片脚の膝を伸ばす。Step2の体勢に戻り、左右交互に行う。

お尻が下がらないようにキープ

世界一ラクな

片脚サイドアップ

目安　左右10回ずつ

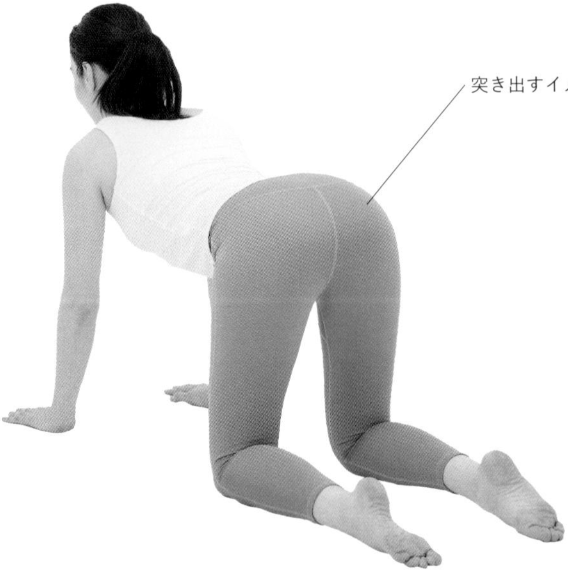

1 四つんばいになり、両膝は肩幅に広げて両手は肩の真下に置く。

使う筋肉に注意！

膝を上げるときは、お尻の筋肉を意識しましょう。膝を下ろすときもお尻の力を抜かずに行えるとベリーグッドです！

2

左膝を外側に上げて、お尻の筋肉を収縮させる。

お尻の筋肉を意識

3

反対側も同様に行う。

膝を上げたときに
上半身はブレないように

筋肉パワー！

世界一ラクな

ひねらせ美尻作り

目安　左右10回ずつ

1 うつ伏せに寝た状態から両手を床につく。

ADVICE

上げた方の脚で、お尻に一番効く高さを探してみましょう。

2 上体が浮かないように意識しながら、左脚を右ななめ上に向かってクロスするように上げていき、お尻の筋肉を収縮させる。

3 反対側も同様に行い、左右交互に繰り返す。

努力する道を選ぶほうが

かっこいい

Part

3

世界一楽しい
脂肪燃焼 エクササイズ

世界一楽しい

足上げリズム体操

30 秒間できるだけ続けて行う／15 秒休み

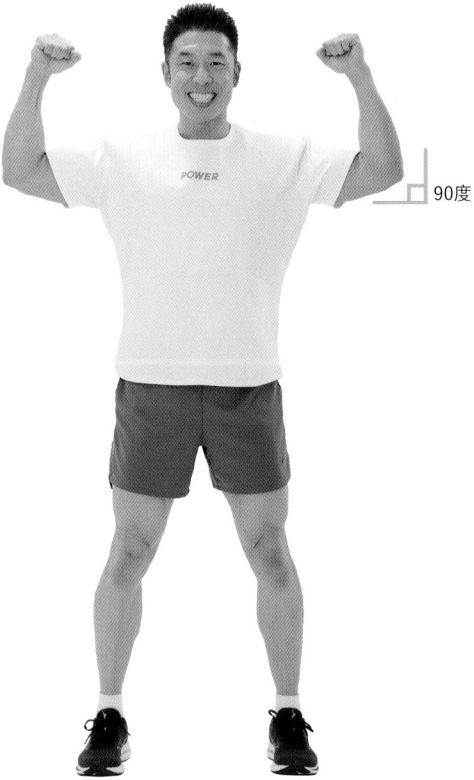

1 両足を肩幅に広げて立ち、上方向に肘を 90 度に曲げる。

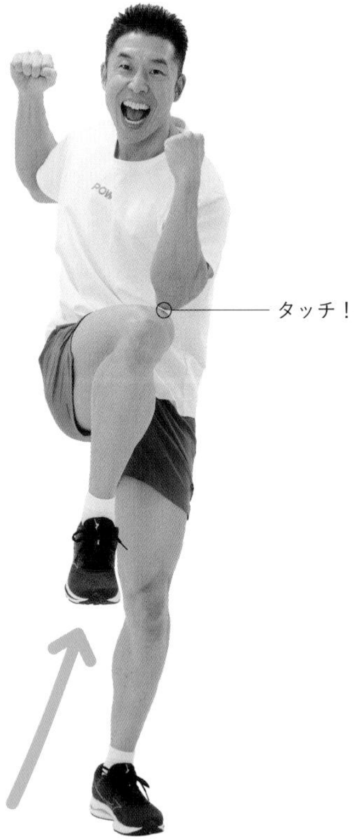

2 左肘と右膝をくっつけるように右足を上げていき、上体を軽くひねる。

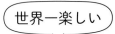

ADVICE

足を上げるときは、腹筋の力を使って行いましょう。Step4 では、太もも裏の筋肉が伸びていることも意識できるといいですよ。テンポよくやると調子が出てきます！

3 Step1 の状態に戻る。

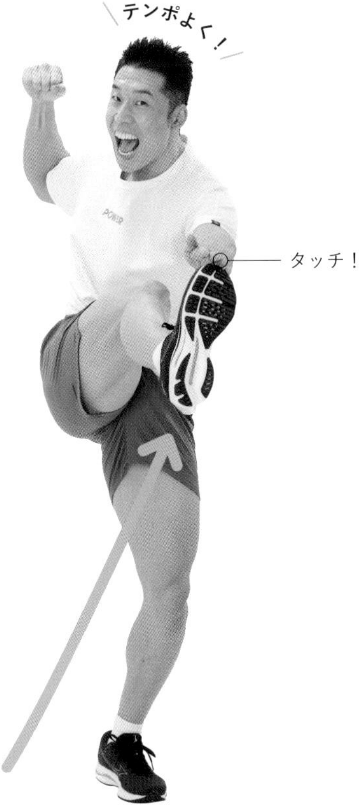

4 膝を伸ばしたまま右足を上げ、左手で右足のつま先をタッチする。反対側も同様に行う。

世界一楽しい

腕ぶん回し体操

30 秒間できるだけ続けて行う／15 秒休み

1 両足を大きく広げて立ち、両腕を上に伸ばす。

ADVICE

常に背筋をまっすぐキープすることを心掛けましょう。腕は伸ばしきり大きく動かすことで、肩の関節や筋肉がほぐれてより効果 UP ！

2 時計回りに両腕を回す。両腕が下に移動すると同時に、お尻を軽く突き出しながら膝を90度くらいに曲げる。反時計回りも行う。

世界一楽しい

腕伸ばしスクワット

30 秒間できるだけ続けて行う／15 秒休み

背筋はまっすぐ

1 両手を腰に当てて、両足を肩幅に開いて立つ。

ADVICE

腕を伸ばす方の体側が伸びていることを意識して行ってみよう！

2 右足を真横に伸ばし、左足に体重をかけながら左膝を曲げ、右腕を伸ばしていく。

3 反対側も同様に行い、左右交互に繰り返す。

世界一楽しい

体のび〜る体操

30秒間できるだけ続けて行う／15秒休み

1 両手を腰に当てて、足を肩幅に開いて立つ。

2 片方の足を斜め45度後ろに引きながら重心を下に落とし、腕を伸ばしたまま円を描くようにして上げる。

体重の8割を前足に乗せる

ADVICE

腕を上げるときは、途中で肘を曲げたりせずに伸ばしきることを意識して行おう。Step2とStep4では、バランスが崩れて上体が前かがみにならないように心掛けましょう。

3 Step1の体勢に戻る。

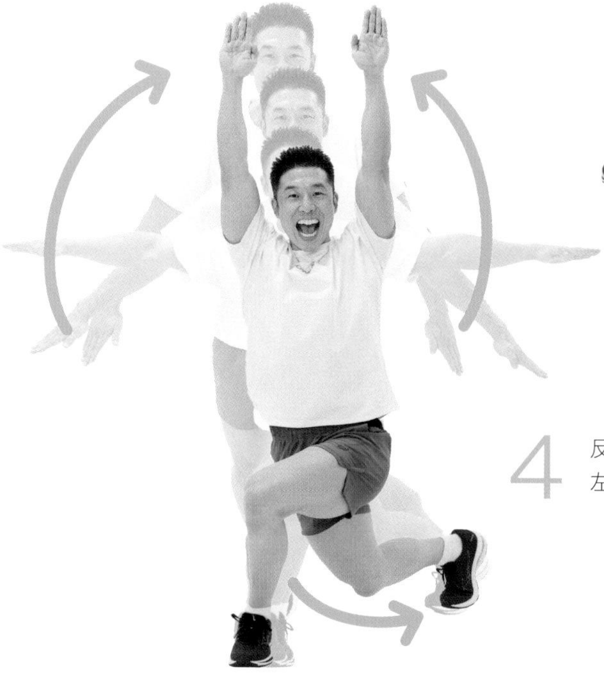

4 反対側も同様に行い、左右交互に繰り返す。

世界一楽しい

腕くるくる全身体操

30 秒間できるだけ続けて行う／ 15 秒休み

1 まっすぐ立ち、軽く肘を曲げた状態で両腕を横に伸ばす。

ADVICE

腕は落とさずにまっすぐ伸ばして回しましょう。重心を下に落とすときは脚の筋肉を使って全身のバランスを保つのがポイント！

2 両腕をくるくる後ろに回しながら片足を後ろに引き、重心を下に落として前足に体重を乗せていく。Step1の体勢に戻り、反対側も同様に行う。

腕は後ろ回し

重心を下に落としながら
前足を後ろに引く

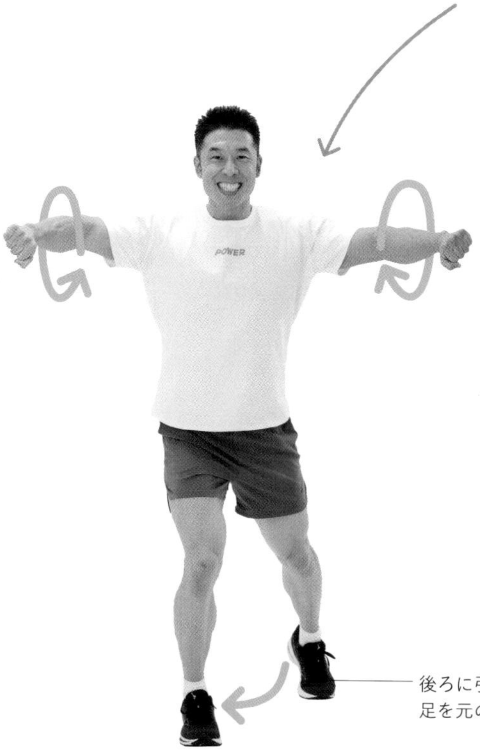

後ろに引いている
足を元の位置に戻す

世界一楽しい

腕パカリズム体操

30 秒間できるだけ続けて行う／15 秒休み

両腕はまっすぐ
手の甲は下に向ける
背筋はまっすぐ
POWER

1 両足を肩幅よりやや広く開き、
両腕をまっすぐ横に伸ばす。

ADVICE

Step2では、きちんと肘が伸びていることを意識しましょう。慣れてきたらテンポよく行うとより効果UP！

2 片足に体重を乗せて、両腕をまっすぐ伸ばしたまま胸の前で合わせる。もう片方の足は膝を曲げてかかとがお尻に当たるまでしっかり上げる。

3 反対側も同様に行い、左右交互に繰り返す。

世界一楽しい

床タッチ体操

30 秒間できるだけ続けて行う／15 秒休み

1 両手を下ろし、まっすぐに立つ。

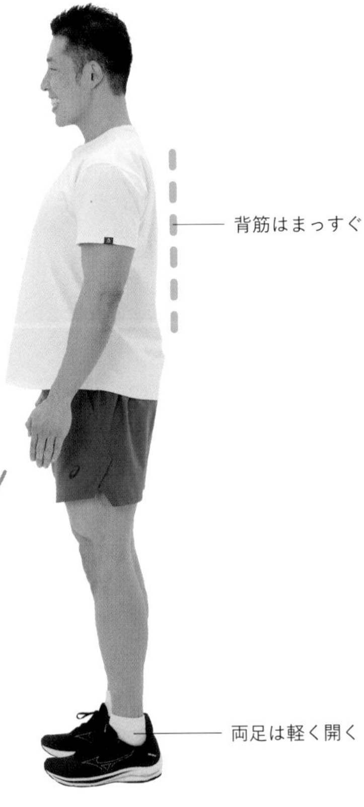

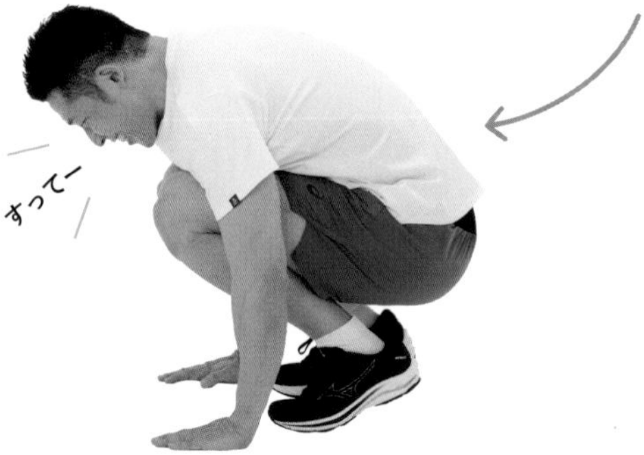

2 膝を曲げながら上体を丸めて床に両手をつく。

ADVICE

Step3では、腹筋を意識して体幹を支えましょう。このメニューはStepごとの動きが大きく変わりますが、呼吸も忘れずに行いましょう。

3 床についた両手に体重を乗せ、膝がまっすぐになるように足を後方に伸ばし、腕立て伏せの体勢になる。

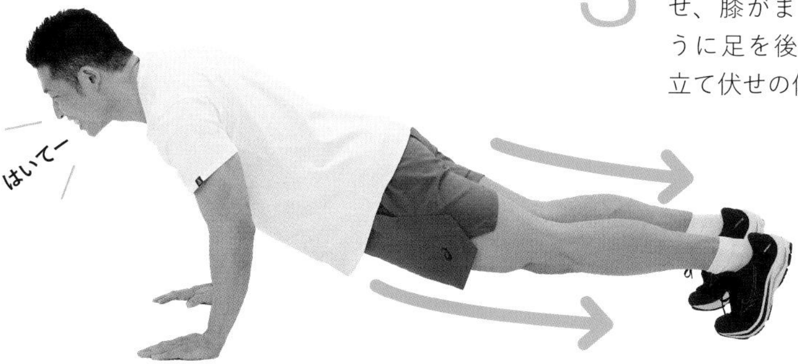

4 両手を床につけたまま上体を丸める。

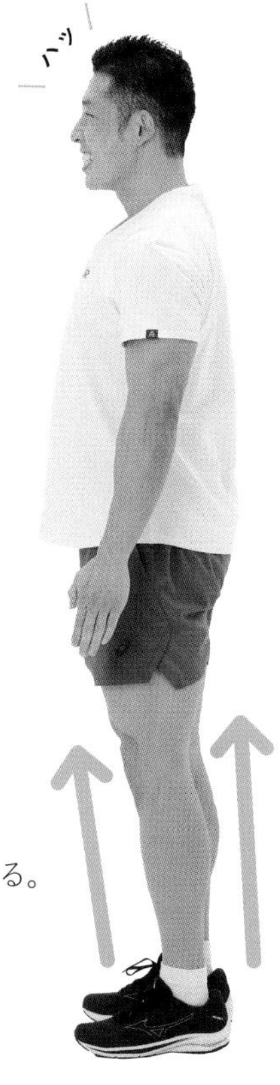

5 Step1の体勢に戻る。

笑いは逃しても

負荷は逃さない

Part

4

世界一効果的な
脂肪燃焼 筋トレ

世界一効果的な

膝立ちスクワット

30秒　レベル1 10回　レベル2！ 15回　レベル3ー！ 20回 /15秒休み

背筋はまっすぐ
両手を合わせて軽く握る

1 胸を張り、背筋をまっすぐにした状態で両膝を床につく。

ADVICE
POWER

上体をキープしよう！

両膝を床につけるときは、正座ではなく、足のつま先も使ってバランスをとり、上体をキープしましょう！

2

片脚ずつ立ち上がり、スクワット（中腰）の体勢になる。

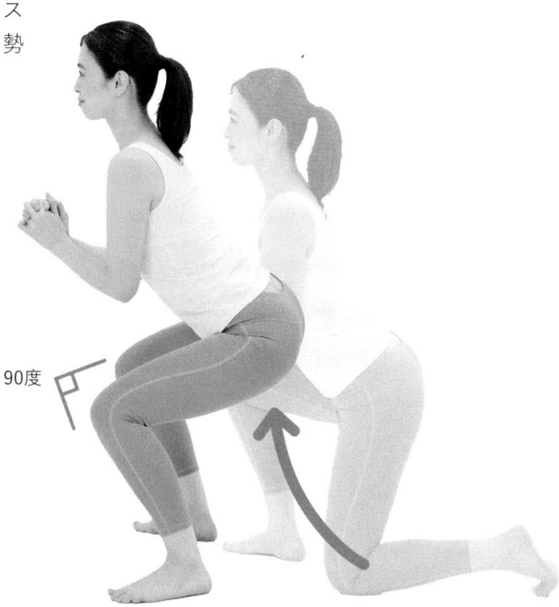

3

片脚ずつ床につき、Step1の体勢に戻る。

世界一効果的な

お尻浮かせ足上げ

30 秒  レベル1 10 回  レベル2！ 15 回  レベル3ー！ 20 回 /15 秒休み

1 両膝を 90 度に曲げた状態にし、両腕は肘を軽く曲げて上体を支える。

ADVICE

最初の体勢づくりが大切！

体幹部（体の中心部）を意識して、お尻の位置が下がらないようにすると効果 UP。呼吸も整えてできる範囲でやってみましょう！

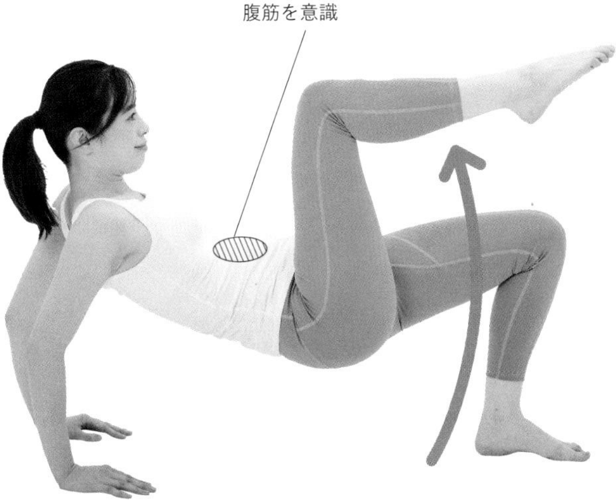

2 右膝を顔と同じくらいの高さまで上げる。

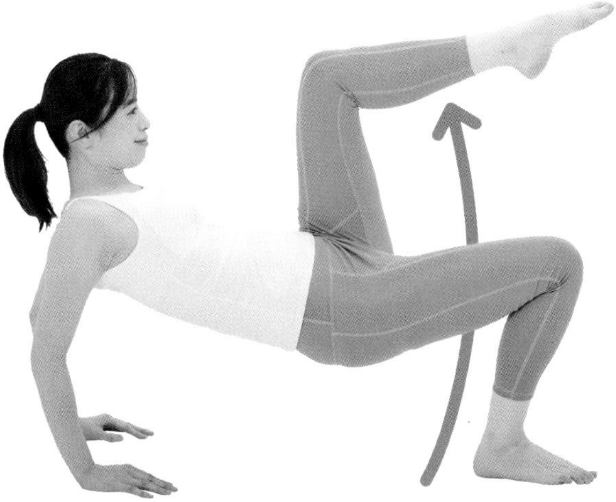

3 反対側も同様に行い、左右交互に繰り返す。

世界一効果的な

全身グーパー腹筋

30秒
レベル1
10回
レベル2！
15回
レベル3ー！
20回
/15秒休み

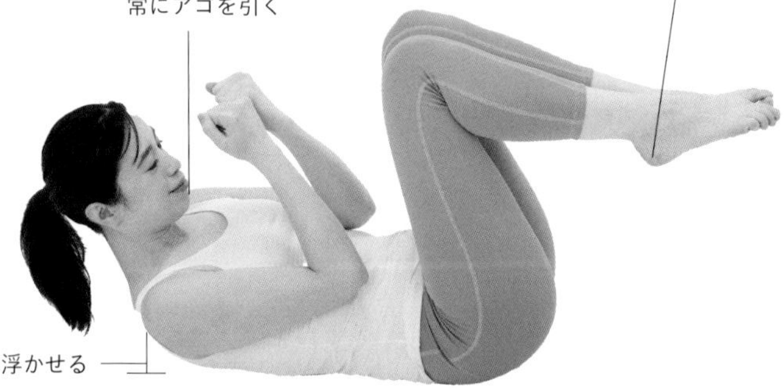
かかとは揃える
常にアゴを引く
常に肩は浮かせる

1 仰向けに寝た状態から両肘と両膝をくっつけるように全身を丸めて、腹筋に力を入れる。

その調子だ〜

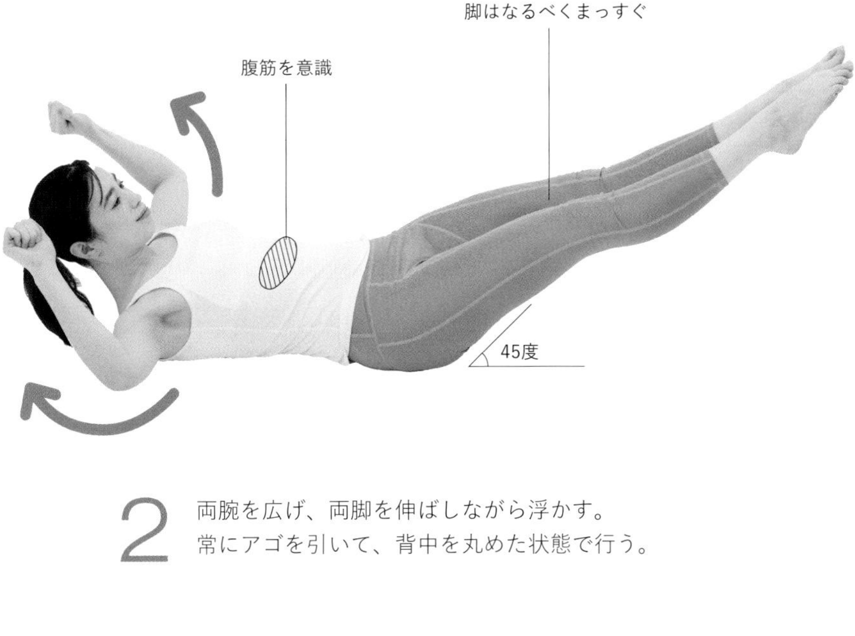
脚はなるべくまっすぐ
腹筋を意識
45度

2

両腕を広げ、両脚を伸ばしながら浮かす。
常にアゴを引いて、背中を丸めた状態で行う。

ADVICE

ケガに気をつけて

背筋が伸びた状態で行うと、腰に負担がかかってしまうので注意。必ず背中を丸めた状態で行いましょう！

世界一効果的な

ツイスト腕立て伏せ

30秒
レベル1
10回
レベル2！
15回
レベル3ー！
20回
/15秒休み

背筋はまっすぐ

1 四つんばいの状態から両手を肩幅より少し広めに開く。

2 両手に体重を乗せながら上体をひねって、右胸を床に近付ける。反対側も同様に行う。

ADVICE

Step2では、上体をひねりながら片方の胸を床に近付けたときに、しっかり胸のストレッチを感じましょう！

世界一効果的な

横向き脚パカパカ

30秒  レベル1 10回  レベル2！ 15回  レベル3ー！ 20回 /15秒休み

背筋はまっすぐ
かかとを揃える
90度
お尻は床につける

1 横を向いた状態で両脚を90度に曲げる。
胸を張りながら背筋をまっすぐにする。

いいぞー！

2 下側の膝で床を押し、お尻を持ち上げ、上側の膝を上げる。

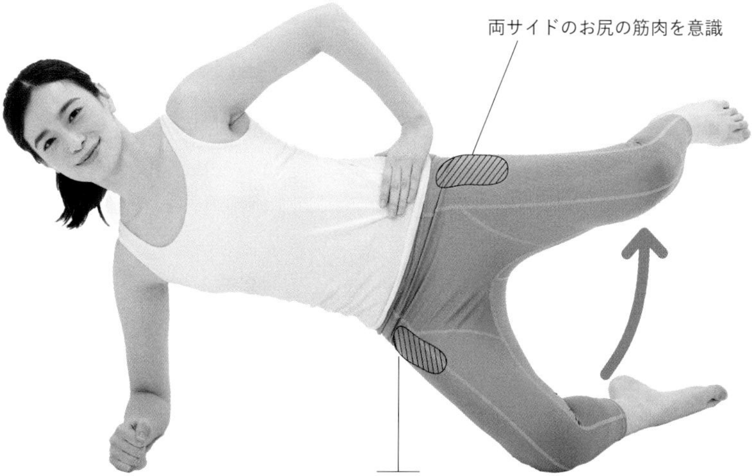
両サイドのお尻の筋肉を意識
お尻を床から 30㎝ほど上げる

ADVICE

使う筋肉を意識しよう

体幹部とお尻の両サイドの筋肉をしっかりと意識して行いましょう！ゆっくり行えるとより効果 UP ！

世界一効果的な

ひねり腹筋

30秒 

10回 

15回 

20回 /15秒休み

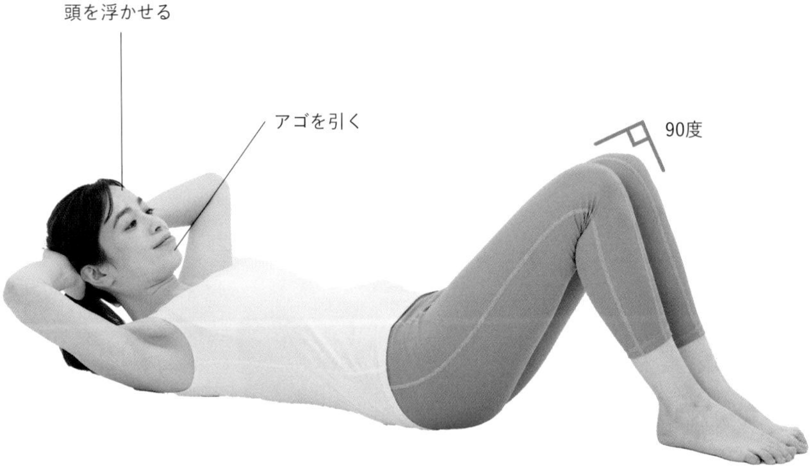

1 仰向けに寝た状態から両膝を 90 度に曲げて、
両手は後頭部につける。

2

お腹を丸めながら上体を上げる。脚を浮かせた状態から肘と反対側の膝を近付ける。

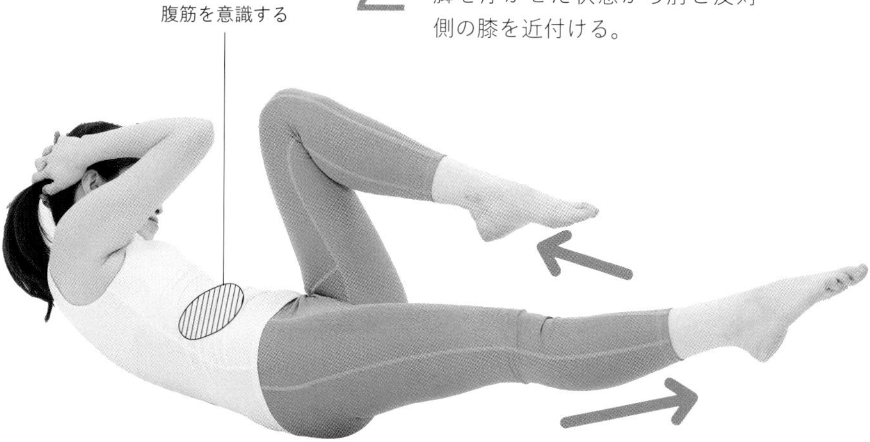

3

自転車をこぐようにリズムよく左右の足を動かす。

腹筋に力を入れるときは、背中を丸めてアゴを引いて行うと効果的！無理せずに自分のペースで行いましょう。

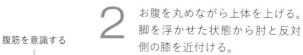

世界一効果的な

かかとタッチスクワット

30秒 レベル1 10回 レベル2！ 15回 レベル3ー！ 20回 /15秒休み

背筋は
まっすぐ

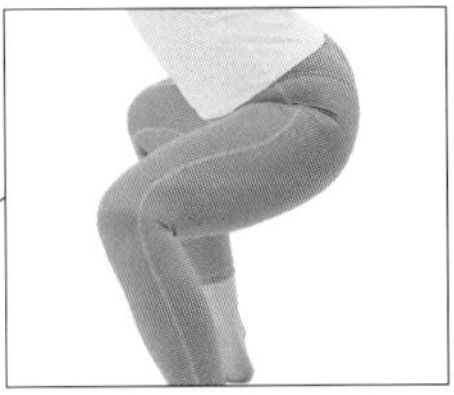

お尻は突き出す

1 両足を大きく開き、つま先は外側に向ける。
胸を張り、お尻を下げる。

バランスを保とう！

上体を左右に傾けるときは、横腹の筋肉に力を入れるとバランスが保てます。
前かがみにならないように気をつけましょう！
かかとタッチが難しい場合は膝タッチから始めてみると良いですよ。

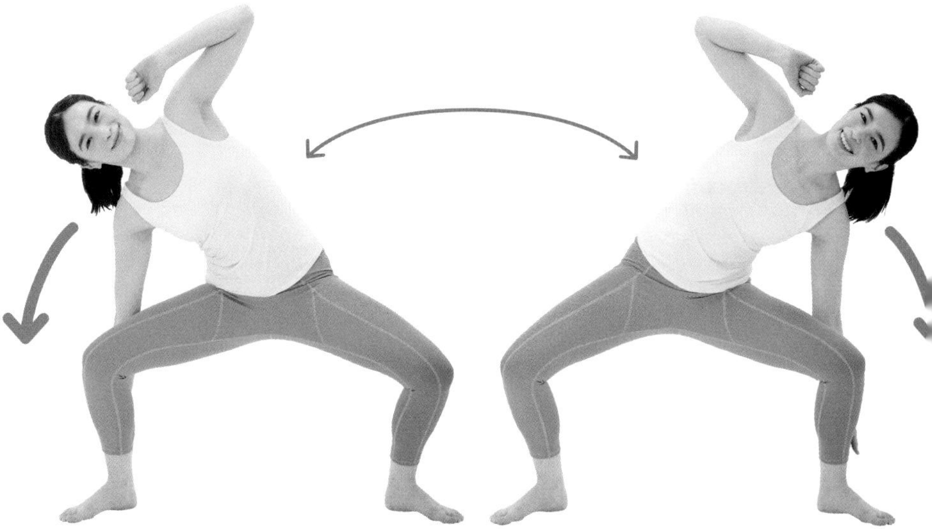

2 右手で右足のかかとをタッチする。
反対側も同様に行い、左右交互に繰り返す。

世界一効果的な

カエル足ランニング

30秒
レベル1
10回
レベル2！
15回
レベル3ー！
20回
/15秒休み

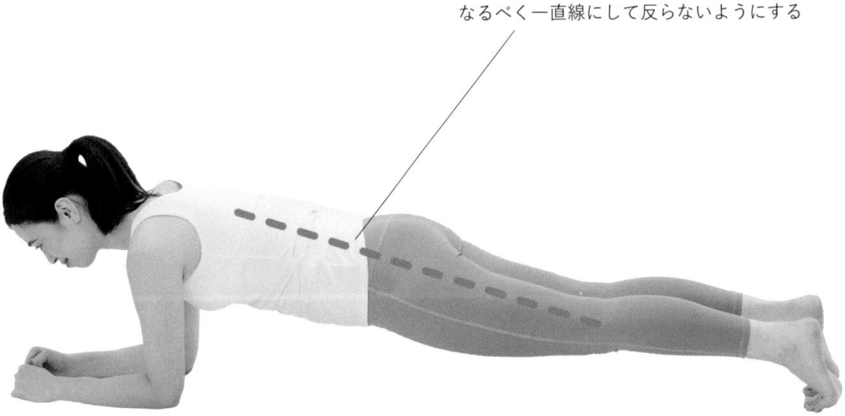
なるべく一直線にして反らないようにする

1 うつ伏せの状態から、肩の真下に肘をつく。お腹を持ち上げ、背中から足まで一直線になるようにする。

効いてるよ！

2 軽くお腹を丸めて体幹を意識しながら、片膝を肘に近付けるようにして外側に左右交互に上げる。

膝は横に向けて上げる

ADVICE

お尻は下げないで！

疲れてくるとお尻が下がりがちになります。そうなると背中が反り、腰に負担がかかってしまうので気をつけましょう。

世界一効果的な

全身引き締めかけっこ

30秒
レベル1
10回
レベル2！
15回
レベル3ー！
20回
/15秒休み

お尻は上げる
かかとは床に
つけない
アゴを引いて膝辺りに目線を意識

1 うつ伏せで両腕をまっすぐに伸ばし、手を床につき、
腕立て伏せの姿勢になる。

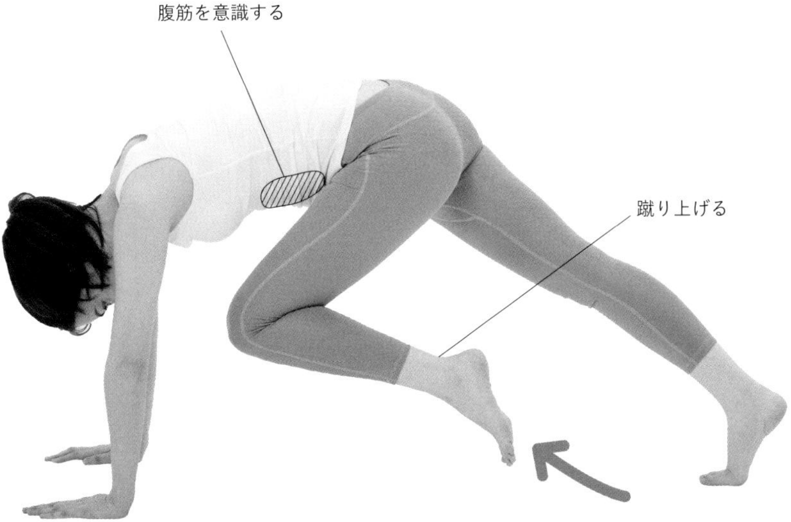

2 膝を胸に近付けるイメージで左右交互に脚を蹴り上げる。

ADVICE

方向はまっすぐ！

脚をクロスさせるのはNG！両脚ともまっすぐ前に向けて蹴り上げるように心掛けましょう。

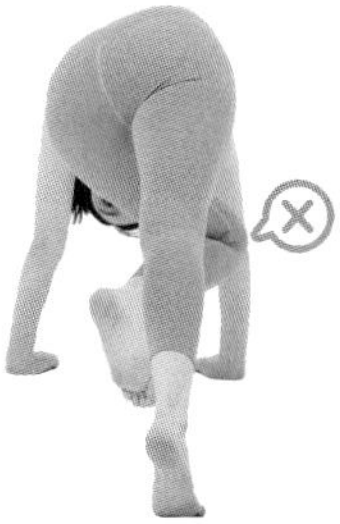

好きな自分になれたら

鏡の数だけ

幸せになれる

Part

5

教えてきんに君！
ダイエットQ＆A

きんに君先生！

ダイエットについて教えてください！

Q1 モチベーションが下がったときはどうすれば？

A 仕事で疲れたときや寒くて体を動かしたくないときなど、筋トレしたくないなと思うときは誰にでもありますよね。僕もモチベーションが上がらないなというときはあります。そんなときの対処法をご紹介します。

まず1つは「今日はいつもよりもかる〜くやろう」「いつもの半分だけやろう」など、今日はラクにやろうというマインドを持ち、ほんの少しでいいので筋トレを始めてみてください。楽しくなって意外にも普段通りにやってしまった、ということもあると思います。休むことも大切ですが、ちょっとだけやってみるというのもおすすめです。

もう1つは、誰かと一緒に行うことです。一人ではできなくてもみんなと一緒ならモチベーションは上がります。僕がインストラクターを務めるザ・オンラインフィットネスでは、週に2回生配信で会員さんと一緒にトレーニングを行っています。初心者の方でもご参加いただけますのでチェックしてみてください。

もちろん、休むことは何も悪いことではございません。まずは自分にできることから試してみましょう。

Q2

ダイエットはどのくらいで見た目に変化が出ますか？

A

その方がどれくらい運動をしたか、食事にも気をつけていたのかにもよりますが、目安としては体脂肪が減り始めるのは約1週間、筋肉が変わり出すのは約1ヶ月から2ヶ月と言わせていただきます（個人差あり）。

ミクロ単位で、日々筋肉も体脂肪も合成と分解を繰り返していますので、あくまで見た目の変化に気づき始める目安と思ってください。

「1週間で何キロ痩せる」などのダイエットを行おうとしている方もいらっしゃいますが、体脂肪だけを1週間で何キロも落とすことはできません。その落ちた体重には、大切な筋肉や水分も含まれます。極端なことを行うと健康を害したり、より痩せにくい（体脂肪が落ちにくい）体になってしまいます。慌てずに、着実に積み重ねていくことがダイエット成功への一番の近道です。

Q3

何度ダイエットをしても痩せられず、一度も成功したことがありません。

A

大丈夫です。今この本を読んでいるということは、正しいダイエットに出会ったということですね。ダイエットを正しく行えば、少しずつでも確実に結果は出ます。自分にとって都合の良い考えだけで行わず、体の法則に従って行わなければいけません。

「運動はしたくないし、好きなものも食べるけど痩せたい」。このような自分の希望だけでは体は変わりません。お仕事に重ねて考えてみてください。

例えば、あなたが服の販売員さんだとして、「接客は嫌いだからしたくないけど、服を売りまくってカリスマ店員になりたい」と言っている新人の方がいたら、あなたはなんと答えますか？　自分の都合だけではうまくいかないですよね。

正しいダイエットに出会ったあなたは、すでに成功への道を歩み始めています。だから今度こそ、あなたは大丈夫です。

Q4 筋トレと有酸素運動はどちらを先にやれば効果的？

A

「どちらからでもいい」と言いたいですね。おすすめの順番としては、「筋トレ→有酸素運動」です。筋トレで使う主なエネルギーは糖質で、有酸素運動で使う主なエネルギーは脂質です。体の仕組みは、脂質よりも糖質を優先して使うようになっています。ということは、先に筋トレで血液中の糖質（グリコーゲン）を使うことで、その後の有酸素運動では効率よく体脂肪を使うことができます。

皆さんはアスリートになるわけではありませんので、この順番が入れ替わったところで、ダイエットに失敗することはありません。少しずつ取り組みのレベルが上がってきたときにはこの順番を意識してみてください。

Q5 運動は絶対にやりたくないですがダメですか？

A

運動は大嫌いという方もいらっしゃるので、絶対にダメとは言いません。しかし、食事制限だけでダイエットを行おうとすると、体重は減りますが筋肉も減りますし、早い段階で限界がきますので、僕はおすすめはしません。

運動には体脂肪を落とす効果だけではなく、血行が良くなったり免疫力を高めたり、新陳代謝を活発にしたりホルモンバランスを整えたり、血糖値を安定させたり、など様々な効果があります。高額なエステやマッサージでは得られない効果もあります。運動はお金をかけずに美容や健康が手に入り、貯金と貯筋ができる素晴らしいものなんです。

僕の好きな言葉は、「お金は使うと減るけど、筋肉は使えば増える」です。無理のない運動から始めましょう。

Q6 週に何回くらい筋トレするべき？

A

しっかりと効果を出すには、筋トレは週に2回は行いましょう。ただし、トレーニングの内容によります。

軽い運動（筋肉痛にならない程度）や本書のような自分の体重で行う筋トレ（自重トレ）なら毎日でもかまいません。ジムでバーベルやマシンでハードに行っている方は、週に1回でも十分です。個人差がありますので、目安としては各部位の筋肉痛が治ってから行うようにしましょう。

筋肉痛を感じるときはダメージからの回復期間ですので、その部位は激しい運動は控えて、他の部位の筋トレを行ってください。

Q7 筋トレをするならプロテインドリンクを飲むべき？

A 筋トレをしているからプロテインドリンク（以下プロテイン）が必要ということではありません。プロテインは、あくまでも栄養補助食品です。１日に必要なたんぱく質の摂取量の目安は、体重（kg）×1.0〜1.5ｇと言われており、食事で十分に摂れていれば特に必要ありません。

逆に、忙しくて食事が摂れない方や、糖質や脂質に偏った食事をされている方なら、筋トレをしていなくても必要な場合もあります。

プロテインを飲んでみたいけど色々と種類があって迷うという方は、僕がプロデュースしている「ザ・プロテイン」は本当におすすめですのでチェックしてみてください。

Q8 糖質制限ダイエット、カロリー制限ダイエットは効果がありますか？

A 食事制限（特に糖質制限）を行うと2、3日で体重が3、4キロ減ることがあります。その多くは、体脂肪ではなく体の水分が抜けただけなので注意が必要です。

糖質（体内ではグリコーゲン）は体内で水分と結びついています。その糖質が体内から少なくなると水分も減るので体重が減る、ということです。食事制限によって、体脂肪が減ったわけではありません。体重が減ってモチベーションが上がることは良いことですが、なぜ体重が減ったのかを見極めないといけません。

そして、糖質制限と聞くと「とりあえずお米を抜けばいい」と勘違いされている方も多くいらっしゃいます。お米は糖質以外にも様々な栄養を含む素晴らしい食材です。お米を食べないほうがいいと考えて安易に抜いてしまうとエネルギー不足に陥り、日中に疲労したり極度の睡魔がきたりと健康にも良くありません。お米ではなく、まずは砂糖が大量に含まれているお菓子などを減らしていきましょう。

Q9 どうしても甘いものをやめられないけど、どうしたらよい？

A

無理にやめないでください。やめることによるストレスのほうが体に悪いこともあります。もちろんその量にもよりますが、多少食べても運動で燃やすんだくらいの気持ちが大切です。

僕がおすすめするスイーツは和菓子です。洋菓子と比べて和菓子は脂質が低く、糖質を多く含むので筋トレのエネルギーになりやすいです。

もしくは、プロテインドリンクもおすすめです。低脂質で高タンパク質でおいしい味も増えていますので、ぜひ試してみてください。

いつか
やってやんぞ！

この気持ちだけは

切らさない

Part

6

チャレンジカレンダー

カレンダーの使い方

ゼロパワー

トレーニングや
体の変化を記録して、
ダイエットを
成功させよう！

木	筋	土	Memo
体重 60.5 kg 体脂肪率 32.1 % 〈トレーニングした部位〉 お腹・脚・背中 腕・お尻 〈体を動かすことができた〉 [◎] ○ △ 休み 〈食事のとり方を心掛けた〉 [◎] ○ △ 休み 今日の記録 納豆ご飯・サラダボウル・シャケ・ご飯・味噌汁・サラダ よっこらせ腹筋・世界一浅いスクワット・バンザイ背中痩せ	体重 60.0 kg 体脂肪率 32.0 % 〈トレーニングした部位〉 お腹・脚・背中 腕・お尻 〈体を動かすことができた〉 [◎] ○ △ 休み 〈食事のとり方を心掛けた〉 ◎ [○] △ 休み 今日の記録 バナナ・牛乳・餃子定食・刺身・サラダ・味噌汁 バンザイ背中痩せ・寝たまま美尻作り	体重 59.9 kg 体脂肪率 32.0 % 〈トレーニングした部位〉 お腹・脚・背中 腕・お尻 〈体を動かすことができた〉 ◎ [○] △ 休み 〈食事のとり方を心掛けた〉 [◎] ○ △ 休み 今日の記録 トースト・おにぎり2つ・味噌汁・サラダボウル・茹で鶏 踏みこみ脚痩せ・寝たまま美尻作り	始めて数日で 前よりもきつい 感覚がなくなった！
体重 59.7 kg 体脂肪率 31.7 % 〈トレーニングした部位〉 お腹・脚・背中 腕・お尻 〈体を動かすことができた〉 [◎] ○ △ 休み 〈食事のとり方を心掛けた〉 ◎ [○] △ 休み 今日の記録 納豆ご飯・味噌汁・秋刀魚の定食・サラダ・サラダチキン・チーズ よっこらせ腹筋・体のび〜る体操・バンザイ背中痩せ・腕キックバック・寝たまま美尻作り	体重 59.6 kg 体脂肪率 31.7 % 〈トレーニングした部位〉 お腹・脚・背中 腕・お尻 〈体を動かすことができた〉 [◎] ○ △ 休み 〈食事のとり方を心掛けた〉 [◎] ○ △ 休み 今日の記録 ヨーグルト・果物・サラダボウル・納豆パスタ・味噌汁・かまぼこ 足踏み腹筋・踏みこみ脚痩せ・腕ぐいっと背中痩せ・寝たまま美尻作り	体重 59.5 kg 体脂肪率 31.6 % 〈トレーニングした部位〉 お腹・脚・背中 腕・お尻 〈体を動かすことができた〉 [◎] ○ △ 休み 〈食事のとり方を心掛けた〉 ◎ [○] △ 休み 今日の記録 ご飯・味噌汁・漬物・うどん・サラダ・おにぎり2つ 踏みこみ脚痩せ・腕キックバック・寝たまま美尻作り	ズボンがゆるくなってきた！ 引き続きお腹の トレーニングは 続けたい。

その週のまとめや、その他メモ用に使えます！

1ヶ月チャレンジ

その日の記録を残してみましょう。食べたもの、トレーニングメニューなどなんでもOK！

	日	月	火	水
WEEK1	体重 60.2 kg 体脂肪率 32.2 % 〈トレーニングした部位〉 **お腹**・**脚**・背中 腕・お尻	体重 60.2 kg 体脂肪率 32.2 % 〈トレーニングした部位〉 **お腹**・**脚**・背中 **腕**・お尻	体重 60.0 kg 体脂肪率 32.1 % 〈トレーニングした部位〉 お腹・**脚**・背中 腕・お尻	体重 60.0 kg 体脂肪率 32.1 % 〈トレーニングした部位〉 お腹・脚・背中 腕・お尻
	〈体を動かすことができた〉 **◎** ○ △ 休み 〈食事のとり方を心掛けた〉 **◎** ○ △ 休み	〈体を動かすことができた〉 **◎** ○ △ 休み 〈食事のとり方を心掛けた〉 **◎** ○ △ 休み	〈体を動かすことができた〉 ◎ **○** △ 休み 〈食事のとり方を心掛けた〉 ◎ **○** △ 休み	〈体を動かすことができた〉 ◎ ○ △ **休み** 〈食事のとり方を心掛けた〉 ◎ ○ △ **休み**
	今日の記録	今日の記録	今日の記録	今日の記録
	納豆ご飯・味噌汁・サバの定食・野菜炒め よっこらせ腹筋・世界一浅いスクワット	ヨーグルト・バナナ・たらこスパゲッティ・カレー よっこらせ腹筋・腕伸ばしスクワット・腕ダッシュ	生姜焼き定食・シーザーサラダ・ステーキ 座って片脚ピーン	飲み会なので お休み day
WEEK2	体重 59.8 kg 体脂肪率 32.0 % 〈トレーニングした部位〉 お腹・脚・背中 腕・お尻	体重 59.9 kg 体脂肪率 32.0 % 〈トレーニングした部位〉 **お腹**・**脚**・背中 腕・**お尻**	体重 59.8 kg 体脂肪率 31.9 % 〈トレーニングした部位〉 お腹・脚・**背中** **腕**・お尻	体重 59.8 kg 体脂肪率 31.8 % 〈トレーニングした部位〉 **お腹**・**脚**・**背中** **腕**・**お尻**
	〈体を動かすことができた〉 ◎ ○ △ **休み** 〈食事のとり方を心掛けた〉 ◎ ○ △ **休み**	〈体を動かすことができた〉 **◎** ○ △ 休み 〈食事のとり方を心掛けた〉 **◎** ○ △ 休み	〈体を動かすことができた〉 ◎ **○** △ 休み 〈食事のとり方を心掛けた〉 ◎ ○ **△** 休み	〈体を動かすことができた〉 **◎** ○ △ 休み 〈食事のとり方を心掛けた〉 ◎ ○ **△** 休み
	今日の記録	今日の記録	今日の記録	今日の記録
	お休み day	納豆ご飯・麻婆豆腐定食・サラダチキン・味噌汁・からあげ4つ ツイスト床タッチ・世界一浅いスクワット・寝たまま美尻作り	ハンバーグ定食・サラダ・カルボナーラ・アイス バンザイ背中痩せ・腕キックバック	ヨーグルト・トースト・ナポリタン・おにぎり2つ・サラダ・メンチカツ よっこらせ腹筋・体のび〜る体操・バンザイ背中痩せ・腕キックバック・寝たまま美尻作り

カレンダー

特に鍛えたい部位にチェック

お腹　脚　背中　腕　お尻

木	筋	土	Memo
体重 kg 体脂肪率 % 〈トレーニングした部位〉 **お腹・脚・背中** **腕・お尻**	体重 kg 体脂肪率 % 〈トレーニングした部位〉 **お腹・脚・背中** **腕・お尻**	体重 kg 体脂肪率 % 〈トレーニングした部位〉 **お腹・脚・背中** **腕・お尻**	
〈体を動かすことができた〉 ◎ ○ △ 休み 〈食事のとり方を心掛けた〉 ◎ ○ △ 休み	〈体を動かすことができた〉 ◎ ○ △ 休み 〈食事のとり方を心掛けた〉 ◎ ○ △ 休み	〈体を動かすことができた〉 ◎ ○ △ 休み 〈食事のとり方を心掛けた〉 ◎ ○ △ 休み	
今日の記録	今日の記録	今日の記録	
体重 kg 体脂肪率 % 〈トレーニングした部位〉 **お腹・脚・背中** **腕・お尻**	体重 kg 体脂肪率 % 〈トレーニングした部位〉 **お腹・脚・背中** **腕・お尻**	体重 kg 体脂肪率 % 〈トレーニングした部位〉 **お腹・脚・背中** **腕・お尻**	
〈体を動かすことができた〉 ◎ ○ △ 休み 〈食事のとり方を心掛けた〉 ◎ ○ △ 休み	〈体を動かすことができた〉 ◎ ○ △ 休み 〈食事のとり方を心掛けた〉 ◎ ○ △ 休み	〈体を動かすことができた〉 ◎ ○ △ 休み 〈食事のとり方を心掛けた〉 ◎ ○ △ 休み	
今日の記録	今日の記録	今日の記録	

1ヶ月チャレンジ

	日	月	火	水
WEEK1	体重 kg 体脂肪率 % 〈トレーニングした部位〉 お腹・脚・背中 腕・お尻 〈体を動かすことができた〉 ◎ ○ △ 休み 〈食事のとり方を心掛けた〉 ◎ ○ △ 休み 今日の記録	体重 kg 体脂肪率 % 〈トレーニングした部位〉 お腹・脚・背中 腕・お尻 〈体を動かすことができた〉 ◎ ○ △ 休み 〈食事のとり方を心掛けた〉 ◎ ○ △ 休み 今日の記録	体重 kg 体脂肪率 % 〈トレーニングした部位〉 お腹・脚・背中 腕・お尻 〈体を動かすことができた〉 ◎ ○ △ 休み 〈食事のとり方を心掛けた〉 ◎ ○ △ 休み 今日の記録	体重 kg 体脂肪率 % 〈トレーニングした部位〉 お腹・脚・背中 腕・お尻 〈体を動かすことができた〉 ◎ ○ △ 休み 〈食事のとり方を心掛けた〉 ◎ ○ △ 休み 今日の記録
WEEK2	体重 kg 体脂肪率 % 〈トレーニングした部位〉 お腹・脚・背中 腕・お尻 〈体を動かすことができた〉 ◎ ○ △ 休み 〈食事のとり方を心掛けた〉 ◎ ○ △ 休み 今日の記録	体重 kg 体脂肪率 % 〈トレーニングした部位〉 お腹・脚・背中 腕・お尻 〈体を動かすことができた〉 ◎ ○ △ 休み 〈食事のとり方を心掛けた〉 ◎ ○ △ 休み 今日の記録	体重 kg 体脂肪率 % 〈トレーニングした部位〉 お腹・脚・背中 腕・お尻 〈体を動かすことができた〉 ◎ ○ △ 休み 〈食事のとり方を心掛けた〉 ◎ ○ △ 休み 今日の記録	体重 kg 体脂肪率 % 〈トレーニングした部位〉 お腹・脚・背中 腕・お尻 〈体を動かすことができた〉 ◎ ○ △ 休み 〈食事のとり方を心掛けた〉 ◎ ○ △ 休み 今日の記録

カレンダー

特に鍛えたい部位にチェック

お腹　脚　背中　腕　お尻

木	筋	土	Memo
体重 kg	体重 kg	体重 kg	
体脂肪率 %	体脂肪率 %	体脂肪率 %	
〈トレーニングした部位〉 お腹・脚・背中 腕・お尻	〈トレーニングした部位〉 お腹・脚・背中 腕・お尻	〈トレーニングした部位〉 お腹・脚・背中 腕・お尻	
〈体を動かすことができた〉 ◎ ○ △ 休み	〈体を動かすことができた〉 ◎ ○ △ 休み	〈体を動かすことができた〉 ◎ ○ △ 休み	
〈食事のとり方を心掛けた〉 ◎ ○ △ 休み	〈食事のとり方を心掛けた〉 ◎ ○ △ 休み	〈食事のとり方を心掛けた〉 ◎ ○ △ 休み	
今日の記録	今日の記録	今日の記録	
体重 kg	体重 kg	体重 kg	
体脂肪率 %	体脂肪率 %	体脂肪率 %	
〈トレーニングした部位〉 お腹・脚・背中 腕・お尻	〈トレーニングした部位〉 お腹・脚・背中 腕・お尻	〈トレーニングした部位〉 お腹・脚・背中 腕・お尻	
〈体を動かすことができた〉 ◎ ○ △ 休み	〈体を動かすことができた〉 ◎ ○ △ 休み	〈体を動かすことができた〉 ◎ ○ △ 休み	
〈食事のとり方を心掛けた〉 ◎ ○ △ 休み	〈食事のとり方を心掛けた〉 ◎ ○ △ 休み	〈食事のとり方を心掛けた〉 ◎ ○ △ 休み	
今日の記録	今日の記録	今日の記録	

書くのかい？
書かないのかい？

1ヶ月チャレンジ

	日	月	火	水
WEEK3	体重 kg 体脂肪率 % 〈トレーニングした部位〉 **お腹・脚・背中** **腕・お尻** 〈体を動かすことができた〉 ◎ ○ △ 休み 〈食事のとり方を心掛けた〉 ◎ ○ △ 休み	体重 kg 体脂肪率 % 〈トレーニングした部位〉 **お腹・脚・背中** **腕・お尻** 〈体を動かすことができた〉 ◎ ○ △ 休み 〈食事のとり方を心掛けた〉 ◎ ○ △ 休み	体重 kg 体脂肪率 % 〈トレーニングした部位〉 **お腹・脚・背中** **腕・お尻** 〈体を動かすことができた〉 ◎ ○ △ 休み 〈食事のとり方を心掛けた〉 ◎ ○ △ 休み	体重 kg 体脂肪率 % 〈トレーニングした部位〉 **お腹・脚・背中** **腕・お尻** 〈体を動かすことができた〉 ◎ ○ △ 休み 〈食事のとり方を心掛けた〉 ◎ ○ △ 休み
	今日の記録	今日の記録	今日の記録	今日の記録
WEEK4	体重 kg 体脂肪率 % 〈トレーニングした部位〉 **お腹・脚・背中** **腕・お尻** 〈体を動かすことができた〉 ◎ ○ △ 休み 〈食事のとり方を心掛けた〉 ◎ ○ △ 休み	体重 kg 体脂肪率 % 〈トレーニングした部位〉 **お腹・脚・背中** **腕・お尻** 〈体を動かすことができた〉 ◎ ○ △ 休み 〈食事のとり方を心掛けた〉 ◎ ○ △ 休み	体重 kg 体脂肪率 % 〈トレーニングした部位〉 **お腹・脚・背中** **腕・お尻** 〈体を動かすことができた〉 ◎ ○ △ 休み 〈食事のとり方を心掛けた〉 ◎ ○ △ 休み	体重 kg 体脂肪率 % 〈トレーニングした部位〉 **お腹・脚・背中** **腕・お尻** 〈体を動かすことができた〉 ◎ ○ △ 休み 〈食事のとり方を心掛けた〉 ◎ ○ △ 休み
	今日の記録	今日の記録	今日の記録	今日の記録

自分を超えていく努力は
報われる日が必ず来る

なかやまきんに君式ダイエットの経験者の声

「日本中の脂肪を燃やす!!」をコンセプトに自身がインストラクターを務める、
ザ・オンラインフィットネスの会員様からの声を聞いてみました！

杉浦綾子　40代
リバウンドを繰り返していたこの私が、きんに君との筋トレのお陰で健康的に痩せた!筋トレ最高!!

かおる　50代
痩せた？と職場で聞かれて試着も着れる服が増えた。火曜と土曜にきんに君に会えるのが楽しみです

玉依　60代
運動経験なし66歳♀、こんな私でも無理なく続いています。楽しくてやみつき。とっても体力つきました。

mio-neo　40代
筋トレに慣れてなくても何故か楽しく継続できるんです。半年で体脂肪率-7%！

新井紀子　50代
毎週オンラインフィットネスをする習慣がついたおかげで、体力や筋力がアップしたと思います！

あいはら　20代
「筋トレ苦手！一ヶ月が限界！」そんな私ですが笑いありのほんわかした雰囲気で筋トレを続けられています！

ちっちゃいのんちゃん　50代
きんに君が教えてくれる筋トレや食事を取り入れてから、悪玉コレステロールが基準値まで改善しました！

のむら けい　20代
笑いながら運動して、気づいたら10kg減っていました！楽しく続けられたのが1番の成功の秘訣です！

ダンティス　60代
きんに君の動画を見て運動。2年掛けて体脂肪率18%のスリムボディを手に入れました。

まきのすけ　20代
筋トレを始めて体型の変化だけではなく性格が明るくなりました！きんに君の笑顔が私の元気の源です!!

もかじい　30代
筋肉という武器と防具を手に入れ前向きになり自信が持てました。運動で笑えて痩せて貯筋もできて最高です！

ゴン太　40代
筋トレが習慣になりました。今後はボディコンテスト出場を目指しています。パワー!!

Yuri.I　40代
ダイエット成功は間違いなくきんに君との運動のおかげです！感謝しています！大好きです！

れいちゃんばーば　60代
3歳の孫と一緒に頑張ってます。パワー!!ハッと笑顔で楽しみCMで見かけるたびにきんに君だ〜い好きと。

DNA　30代
奥さんと一緒に行うフィットネスが夫婦円満の秘訣です　産後体型が元に戻ったと奥さんも大喜びです

すぎ　40代
自分にはストイックなのに私たちには優しくトレーニングのハードルを下げてくれるきんに君が好きです。

あっこ　20代
なかやまきんに君のおかげで2022年たくさんの友達ができました。本当にありがとう！だいすっき！

もっぷ　20代
人生で継続する運動が一度もできなかった私が、笑いと熱い気持ちを持つきんに君と一緒だと続けれました！

ころりん　50代
寒くなるといつもぎっくり腰に。今年もギグッ！ときたものの、筋トレ効果か軽症でした!!

ろびん　50代
オンラインでみんな一緒だと思うと1人だと三日坊主になってしまう運動も楽しく続けられます！

つなた　40代
出不精でも家が狭くてもトレーニングできる。無理なく体力や筋力がついてきた。

のむりょう　30代
「筋トレ」×「お笑い」＝「脂肪燃笑！」半年でマイナス3キロ！パワー！

しょう　30代
楽しみながらダイエットに取り組む事が出来ています。

みずたま　40代
ザオンラインフィットネス に参加して運動する楽しさを知りました。ありがとう！なかやまきんに君

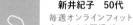

ユナイテッドサトウ　30代
ドイツの自宅から毎週、オンライントレーニングのアーカイブで筋トレしてます。きんに君ダンケ!

みゆ　50代
初回から参加で週2回継続する体力もつき持病の症状も出ずに元気に過ごせました

小塚麻美　30代
目の前で一緒にできるのはやる気が出ます!他の方も一緒に頑張っていることも分かり諦めずにできる!ヤー!

ケニー　40代
きんに君の「自分を責めないで」に何度も救われました。きんに君と仲間達がいない生活にはもう戻れません。

エンリケ　30代
運動嫌いだった私も、笑って楽しく体を動かすことで、今では運動が習慣になりました。パワー!!

ぐーさん　50代
丁寧な掛け声と、何処にどのように効く説明が分かり易く、身体が絞れ体調がいいです。

まつ　20代
こんなにパワーーーーーーーー!!!!!!!!(ハッ)を貰いながら運動できる機会は他にない!!

いさく　40代
筋トレはキツイ時もありますが、そんな瞬間に笑わせてもらったりしながら乗り切れています。

YцKд　40代
結局屈伸、結局膝回しのおかげで、数年前に手術した膝が痛くならずに健康を維持できていて嬉しいです♡

tomK　30代
少し痩せたことも嬉しい変化ですが、自分の体を大事にしようって意識が変わりました!ありがとう!

田所　40代
続かないと思い、月払いで参加しました。きんに先生とコメ欄の皆さんがとても楽しく、継続できています。

いぬたん　40代
筋トレはダイエットだけじゃなく心身共に健康になれる魔法の運動だと感じてます!!続けてる自分偉い!!

ふくまる　その他
とにかく楽しく、継続できる!始める前と今とでは身体だけでなく心もとっても前向きに変化して嬉しいです!

ゆっぴさん　40代
運動が楽しいと思えるようになり習慣化したことで少しずつ痩せて自分に自信が持てるようになりました!

すーたん　40代
これまで運動は挫折ばかりでしたが、毎回笑いながら楽しく継続しています。きんに君と仲間のおかげです!

つよポン　30代
仕事が不規則でなかなか運動が継続出来なかったんですがきんに君のおかげで運動習慣がつきました!パワー!

ほい　50代
4月から週2回続けて来られたのは短時間でキツすぎない、何より楽しい!!これからもずっと続ける!!

なお　40代
きんに君の運動で背筋を意識できるようになり、猫背だったのに立ち姿勢が良いと言われる様になりました。

さよ　40代
運動が苦手な私が運動習慣をつけることができ、食事も気をつけるようになり、停滞期を脱出できました!

はなまる　20代
運動嫌いだけど健康のためにきんに君のフィットネスを開始。長年の息が詰まる肩こりがなくなりました!

ほっしー☆　30代
きんに君と一緒に運動することで夫婦円満、健康診断も二人共A評価に!パワー!

ぱぷあ　30代
やる気が出ない時でも、始めたら最後まで頑張れます。クスッと笑えて楽しく運動出来ています。

naomin　50代
苦手なスクワットが出来るようになり、毎日40分間の愛犬のお散歩が楽に行けるようになりました。

そばこ　30代
健診の質問〝30分以上の運動を週2+1年以上実施〟に〝はい〟と答える未来が見えたのは先生のお陰です!

Jun　40代
肉体の衰えを感じる40代でも筋トレを頑張れるのは、同年でもパワー!!溢れるきんに君のおかげです!

ゆめこ　40代
少しずつでもいい、素晴らしいじゃないですか!と肯定してくれる声掛けが大好きで、心も前向きになれます!

きなこもち　30代
きんに君が先生だからこんなに運動を続けることが出来ています。体も人生も少しずつ変わってる気がします!

岡本　30代
元々大の運動嫌いで駅まで10分歩くのも苦痛だったが、おかげ様で体を動かすことが大好きになった。

どんちゃん　30代
くびれができて嬉しくて食事にも気を使うようになりました!運動中に笑わせてくるのが楽しくて続けられる!

にゃんた　30代
毎日、子供と楽しく参加。準備体操だけでも膝や肩の不調が軽減されました。締めはみんなでパワー!!

はるひ　40代
毎回違うメニューで飽きず、きんに君の励ましとギャグで心も温まります。体力がつき、太もも痩せしました。

クロおじ　40代
ご本人はガチ筋肉勢なのにトレーニング内容は初心者向けでとても続けやすいです

さやか　20代
きんに君との運動は笑いと強度のバランスが絶妙なので、楽しく続けられます！2年半で27kg痩せました！

ハチワレねこ　30代
きんに君の言葉をノートに書いて励みにしています。「日々の積み重ねを大切に」運動を続けようと思います。

めぐさめんこ　40代
無理なく続けてただけなのに4月に出来なかったトレーニングが、12月には出来るようになっててビックリ！

いおり　40代
オンラインフィットネス始めて出来た　休肝日！

Momo　30代
筋トレが私の趣味です。そう胸をハッって言えるのはきんに君のおかげです。毎日筋トレがかかせません。

三代目猫太郎　50代
4年前に大病をし、治療後に宅トレする中できんにくTVに出会いました。きんに君は健康への道標です！

みお　30代
「ママ頑張れ！パワー!!」とこどもに応援してもらいながら8ヶ月で体重−5キロ、ウエスト−7センチ！

ルル　50代
69歳と54歳の夫婦。運動習慣がつき肩上に腕が上がるようになった夫。膝回しも余裕でぐるぐる！

射即人生（南里）　30代
きんに君の前向きな言葉のおかげで20kgの減量に成功しました！筋肉の扉を開いてから毎日が楽しいです！

Yoko　その他
目的は体重減でも筋肉増でもなく、人生をより良くするため！気持ちも体力も上向き、楽しいことが増えた！

yoshmi　30代
きんに君とみんなのおかげで運動が好きになれた！10kg減量して毎日楽しい！感謝の気持ちでいっぱいです

ハガー　30代
テレワーク太りで穿けなくなったズボンがまた穿けるようになりました！これからも続けていきます！

もえぴ　20代
きんに君と運動していると、自信がどんどんついていき楽しいです。今、とにかく幸せだと主張しておきます！

may　30代
コロナ禍前ぶりに会った友人たちから「痩せたね！綺麗になったね」と言われました。きんに君パワーです！

MIDORI　40代
5月から続けてます。お尻が硬くてぷりぷり、自分史上最高の形！

もろQ　50代
51歳何をやっても痩せなかったがｻﾞｵﾝﾗｲﾝﾌｨｯﾄﾈｽを始めて1か月で3kg痩せたので続けます！

いつかやってやるゆー　30代
今がだめでも「いつかやってやんぞ！」という気持ちは切らさない。きんに君のこの言葉で何度でも頑張れる！

るき　30代
長期入院で1kmも歩けなくなりましたが、きんに君と一緒に運動して標高2000m弱の山に登れました！

kazuho　30代
私がどれだけ口酸っぱく言っても運動をしなかった夫がきんに君のおかげで運動習慣がつき早半年。有難いです！

takuya　30代
半年程で体重8kg、腹囲8cm減りました！何より筋トレが楽しくなりました！ありがとうございます！

anko　20代
4月から楽しくトレーニングをしています。運動習慣がつき、明らかに疲れづらくなり体調不良も減りました。

塩まんじゅう　20代
きんに君が褒めてくれるから、5分の運動でも「よくやった私！」って思えます。自分に優しくなれました！

めいめい　30代
腹筋を鍛える時の注意点を全て覚えるまで一生ついていきます！パワー！ハッ（笑顔）

korosuke　40代
4月に入会して、はじめはキツい事もあったけど、寸劇が楽しみで毎回がんばれました。筋肉番付が特に好き

Y　40代
背中がスッキリしました。脇肉の段々も改善されて、久々にピッタリしたニットを着られるようになりました！

あやこ　50代
週2回きんに君に会えるそれだけで幸せ。その上自然と筋肉がついてくる。一石二鳥のオンラインフィットネス

さくや　30代
周りから羨ましがられるスマートさを体現できた！

ゆうたろう　40代
きんに君や他の参加者の皆さんと一緒なので、気持ちを切らさず、毎回楽しくトレーニングできています！

mesosoy　30代
見た目は引き締まったものの体重が減らない中、数字にとらわれなくてもよいという教えに救われています。

にょい　50代
運動が苦手。飽きやすい性格なのに続けられるのは、クセになる笑いと的確な指導と優しい励ましのおかげです

Nino meme　40代
何事も絶対否定せず自分の知識を伝えてくれるきんに君！貯筋の大切さを教えてくれて感謝と尊敬しかない！

まろ　30代
私にとって運動は推し活。推しているだけで健康に。きんに君の活躍で、今もどこかで体脂肪が燃えている。

おわりに

最後まで本書を読んでいただき、ありがとうございます。
継続できた方、続かなかった方、それぞれいらっしゃると思います。
継続して結果が少しでも出た方、おめでとうございます。
そして、続かなかったり、途中で投げ出してしまった方……
心配はございません。続かなかったのはたまたまです。

皆さんお一人お一人に色々なご事情があると思います。
よって、続けられなかった自分を責めないでください。
そして、これだけは忘れないでください。
「**いつかやってやんぞ!**」と。
この気持ちさえ持っていれば、あなたはいつの日か
必ず成功するでしょう。何も慌てることはありません。

オイ、あなたの筋肉、聞かせておくれ!!
いつかやってやるのかい!?
やらないのかい!?
どっちなんだい!?
やーーーーーーーる!!
パワー!!
ハッ（笑顔）

なかやまきんに君

著者　なかやまきんに君

1978年生まれ。福岡県出身。
2000年にピン芸人としてデビュー。
2006年にロサンゼルスへ“筋肉留学”し、2011年にサンタモニカカレッジ運動生理学部卒業。
2021年に第29回東京ノービスボディビル選手権大会ミスター75kg超級で優勝。吉本興業を退所。
2022年に「ザ・オンラインフィットネス」を開始。自身のギャグ「ヤー！パワー！」は、2022ユーキャン新語・流行語大賞にノミネート、Z世代年間トレンドアワードにて年間トレンド大賞を受賞。
趣味は筋トレ後にカフェでリラックスすること。指回しの速さは世界一(自称)。

なかやまきんに君《くん》式《しき》
世《せ》界《かい》一《いち》ラクなゼロパワーダイエット

2023年４月１日　初版発行
2024年５月30日　４版発行

著　者　　なかやまきんに君《くん》
発行者　　山下 直久
発　行　　株式会社KADOKAWA
　　　　　〒102-8177　東京都千代田区富士見2-13-3
　　　　　電話0570-002-301（ナビダイヤル）
印刷所　　TOPPAN株式会社

●お問い合わせ
https://www.kadokawa.co.jp/（「お問い合わせ」へお進みください）
※内容によっては、お答えできない場合があります。
※サポートは日本国内のみとさせていただきます。
※Japanese text only

定価はカバーに表示してあります。

ISBN 978-4-04-606101-0　C0077